VIVENDO EM PAZ

*Como praticar a arte
de viver conscientemente*

Thich Nhat Hanh

VIVENDO EM PAZ

*Como praticar a arte
de viver conscientemente*

Organizado por
ARNOLD KOTLER

Ilustrações
MAYUMI OLDA

Tradução
CECÍLIA CASAS

EDITORA PENSAMENTO
São Paulo

Título original: *Touching Peace – Practicing the Art of Mindful Living*.

Copyright © 1992 Thich Nhat Hanh.

Todos os direitos reservados. Nenhuma parte deste livro pode ser reproduzida ou usada de qualquer forma ou por qualquer meio, eletrônico ou mecânico, inclusive fotocópias, gravações ou sistema de armazenamento em banco de dados, sem permissão por escrito, exceto nos casos de trechos curtos citados em resenhas críticas ou artigos de revistas.

O primeiro número à esquerda indica a edição, ou reedição, desta obra. A primeira dezena à direita indica o ano em que esta edição, ou reedição foi publicada.

Edição	Ano
8-9-10-11-12-13-14-15	11-12-13-14-15-16-17

Direitos de traJução para o Brasil
adquiridos com exclusividade pela
EDITORA PENSAMENTO-CULTRIX LTDA.
Rua Dr. Mário Vicente, 368 – 04270-000 – São Paulo, SP
Fone: 2066-9000 – Fax: 2066-9008
E-mail: pensamento@cultrix.com.br
http://www.pensamento-cultrix.com.br
que se reserva a propriedade literária desta tradução.
Foi feito o depósito legal.

Sumário

1. A vida é um milagre 7
2. Todos nós somos flores 15
3. Como transformar o nosso adubo 25
4. Já chegamos 35
5. A felicidade de uma pessoa 45
6. Tratado de paz 57
7. O amor em ação 69
8. Dieta para uma sociedade consciente 77
9. Como construir um Sangha 93
10. Em contato com a realidade suprema 109

Subsídios para a prática 121

CAPÍTULO 1

A vida é um milagre

No Vietnã, quando eu era um monge ainda jovem, cada templo de aldeia tinha um grande sino, como aqueles das igrejas cristãs da Europa e da América. Sempre que o sino tocava, todos os aldeães interrompiam o que estavam fazendo e faziam uma pausa de poucos instantes para expirar e inspirar conscientemente. Em Plum Village, comunidade onde vivo na França, fazemos o mesmo. Cada vez que ouvimos o sino, recolhemo-nos em nós mesmos e nos comprazemos com a nossa respiração. Quando inspiramos, dizemos, em silêncio: "Ouça, ouça"; e quando expiramos, dizemos: "Este som maravilhoso me transporta ao meu verdadeiro lar."

Nosso verdadeiro lar está no momento presente. Viver o momento presente é um milagre. O milagre não está em caminhar sobre as águas. O milagre está em caminhar sobre a terra verdejante no momento presente, apreciar a paz e a beleza que estão agora ao nosso alcance. A paz está ao nosso redor – no mundo e na natureza – e dentro de nós – no nosso corpo, no nosso espírito. Quando aprendermos a entrar em contato com essa paz, estaremos curados e transformados. Não é uma questão de fé; é uma questão de prática. Precisamos apenas encontrar os meios de trazer nosso corpo e nossa mente de volta ao momento presente, a fim de que possamos entrar em contato com o que é revigorante, salutar e maravilhoso.

O ano passado, em Nova York, tomei um táxi e percebi que o motorista não era feliz. Ele não estava concentrado no momento presente. Não havia paz ou alegria nele, nem capacidade para estar atento enquanto realizava o ato de guiar, e demonstrava isso pela forma como guiava. Muitos de nós fazemos o mesmo. Corremos de um lado para outro, mas não estamos em harmonia com o que estamos fazendo; não estamos em paz. Nosso corpo está aqui; nossa mente, porém, está em algum outro lugar – no passado ou no futuro, dominada pela raiva, pela frustração, por esperanças ou sonhos. Não estamos realmente vivos; parecemos fantasmas. Se um lindo filho nosso chegasse até nós e nos sorrisse, nós não o perceberíamos – realmente – e ele não nos perceberia. Que pena!

Em sua obra *The Stranger*, Albert Camus fala de um homem que vai ser executado dentro de poucos dias. Sentado, sozinho, em sua cela, ele notou através da luz do dia uma pequena nesga de céu azul e sentiu-se, de súbito, profundamente em contato com a vida, profundamente mergulhado no momento presente. E fez o voto de viver o restante de sua vida em plena consciência, fruindo plenamente cada momento, e assim se comportou por vários dias. Então, três horas antes do momento de sua execução, um padre foi à sua cela, para ouvi-lo em confissão e administrar-lhe os últimos sacramentos. O homem, porém, desejava apenas ficar sozinho. Tentou muitas vezes fazer com que o padre se retirasse e, quando finalmente conseguiu, disse a si mesmo que aquele padre vivia como um morto. *"Il vit comme un mort."* Compreendeu que o homem que estava tentando salvá-lo estava menos vivo do que ele, que estava prestes a ser executado.

Muitos de nós, embora vivos, não estamos realmente vivos, por não termos a capacidade de entrar em contato com a vida no momento presente. Somos, como diz Camus, pessoas mortas. Eu gostaria de partilhar com vocês alguns exercícios simples que podemos praticar e que nos ajudarão a reunir nosso corpo e nossa mente e a nos fazer retornar ao contato com a vida no momento presente. O primeiro chama-se respiração consciente, e seres humanos como nós a têm praticado por mais de três mil anos. Quando inspiramos, sabemos que estamos inspirando, e quando expiramos, sabemos que estamos expirando. À medida que o fazemos, notamos muitos elementos de felicidade dentro e fora de nós. Podemos realmente apreciar o contato com a nossa respiração e com o fato de estarmos vivos.

Só se encontra a vida no momento presente. Acho que deveríamos instituir um feriado para comemorar esse fato. Temos feriados para tantas ocasiões importantes – Natal, Ano-Novo, Dia das Mães, Dia dos Pais, até Dia da Terra – por que não comemorar um dia em que podemos viver, felizes, no momento presente, durante o dia inteiro. Eu gostaria de proclamar hoje "O Dia de Hoje", um dia dedicado a entrar em contato com a Terra, a entrar em contato com o céu, com as árvores e com a paz que está disponível no momento presente.

Há dez anos, plantei três belos cedros do Himalaia do lado de fora de minha cabana, e agora, sempre que passo por um deles, curvo-me, roço-lhe a casca com meu rosto e o abraço. Enquanto inspiro e expiro conscientemente, ergo o olhar para seus ramos e para suas lindas folhas. Recebo muita paz e muita força ao abraçar as árvores. Tocar uma árvore proporciona grande prazer tanto a você como à árvore. As árvores são belas, revigorantes e sólidas. Quando você quer abraçar uma árvore, ela nunca diz não. Você pode confiar nas árvores. Ensinei a meus alunos a prática de abraçar as árvores.

Em Plum Village, temos uma linda tília que dá sombra e alegria a centenas de pessoas todos os verões. Há alguns anos, durante uma forte tempestade, muitos de seus galhos se partiram, e a árvore quase morreu. Quando vi a tília depois da tempestade, tive vontade de chorar. Senti necessidade de tocá-la e o fiz, mas isso não me deu muito prazer. Vi que a árvore estava sofrendo, e resolvi descobrir um meio de ajudá-la. Felizmente, nosso amigo

Scott Mayer é um dendrólogo (médico de árvores), e cuidou tão bem da tília que agora ela está mais forte ainda e mais bonita que antes. Plum Village não seria a mesma sem essa árvore. Sempre que posso toco a sua casca e a sinto intensamente. Da mesma forma que tocamos as árvores, podemos tocar a nós mesmos e aos outros, com compaixão. Às vezes, quando tentamos fixar um prego num pedaço de madeira, em vez de bater no prego, batemos no nosso dedo. Pomos imediatamente o martelo de lado e cuidamos do dedo ferido. Fazemos todo o possível para ajudá-lo, com primeiros socorros e também com desvelo e compaixão. Talvez precisemos da ajuda de um médico ou de uma enfermeira, mas também precisamos de compaixão e de alegria para que a ferida sare logo. Sempre que sentimos alguma dor, é maravilhoso tocá-la com compaixão. Mesmo que a dor seja interna – no fígado, no coração ou no pulmão – podemos tocá-la com a consciência.

Nossa mão direita tocou a nossa mão esquerda muitas vezes, mas pode não tê-lo feito com compaixão. Vamos praticar juntos. Inspire e expire três vezes, toque na sua mão esquerda com a mão direita e, ao mesmo tempo, com a sua compaixão. Você percebe que, enquanto a mão esquerda está recebendo conforto e amor, a mão direita também está recebendo conforto e amor? Esta prática é válida para ambas as partes, não apenas para uma. Quando vemos uma pessoa sofrer, se a tocamos com compaixão, ela receberá o nosso conforto e o nosso amor, e nós também receberemos conforto e amor. Podemos fazer o mesmo quando nós mesmos estamos sofrendo. Agindo dessa forma, todos se beneficiam.

A melhor forma de entrar em contato com algo é fazê-lo com consciência. Você sabe, é possível entrar em contato inconscientemente. Quando você lava o rosto de manhã, você pode tocar seus olhos sem nem sequer estar consciente de que os está tocando. Você pode estar pensando em outras coisas... Mas, se lavar o rosto com atenção, consciente de que você tem olhos que vêem, de que a água provém de fontes distantes para tornar possível a você lavar o rosto, esse ato tornar-se-á muito mais significativo. Quando você tocar seus olhos, poderá dizer: "Inspirando, estou consciente de meus olhos. Expirando, sorrio para os meus olhos." Nossos olhos são elementos revigorantes, curativos e serenos, à nossa disposição. Se prestamos tanta atenção ao que está errado, por que não prestarmos atenção ao que é maravilhoso e reconfortante? Raramente dispomos de tempo para apreciar nossos olhos. Quando tocamos os olhos com as mãos, nossa consciência percebe que são jóias preciosas, fundamentais para a nossa felicidade. As pessoas que perderam a visão sentem que, se pudessem ver como nós vemos, estariam no paraíso. Nós só precisamos abrir os olhos para ver todos os tipos de formas e de cores – o céu azul, as belas colinas, as árvores, as nuvens, os rios, as crianças, as borboletas. Apenas sentando aqui e contemplando essas formas e cores, podemos ser extremamente felizes. Ver é um milagre, uma condição da nossa felicidade e, no entanto, durante grande parte do tempo, aceitamos o fato simplesmente. Não agimos como se estivéssemos no paraíso. Quando praticamos a inspiração, tornando-nos conscientes de nossos olhos, e quando praticamos a expiração, sorrindo para nossos olhos, chegamos à verdadeira paz e à verdadeira alegria.

Podemos fazer o mesmo com o coração. "Inspirando, estou consciente do meu coração. Expirando, sorrio para meu coração." Se praticarmos isso algumas vezes, compreenderemos que o nosso coração tem trabalhado com afinco, dia e noite, durante muitos anos, para nos manter vivos. O coração bombeia sem parar milhares de galões de sangue todo dia. Mesmo quando dormimos, o coração prossegue em sua obra de nos proporcionar paz e bem-estar. O coração é um fator de paz e de alegria, mas nós não o notamos nem o apreciamos. Nós apenas notamos de perto as coisas que nos fazem sofrer e, por esse motivo, fazemos o coração passar por momentos difíceis, com nossas preocupações e fortes emoções, e com o que comemos e bebemos. Agindo assim, solapamos nossa paz e nossa alegria. Quando inspiramos e nos tornamos conscientes do nosso coração, e quando expiramos e sorrimos para o nosso coração, ficamos iluminados. Vemos o coração com toda a clareza. Quando sorrimos para o nosso coração, nós o estamos massageando com compaixão. Quando sabemos o que comer e o que não comer, o que beber e o que não beber, que preocupações e desesperos evitar, conservamos o nosso coração fora de perigo.

O mesmo método pode ser aplicado a outros órgãos de nosso corpo; por exemplo, ao fígado. "Inspirando, sei que meu fígado tem trabalhado com afinco para me resguardar. Expirando, faço o voto de não maltratar o meu fígado ingerindo muito álcool." Essa é uma meditação de amor. Nossos olhos somos nós. Nosso coração somos nós. Também somos o nosso fígado. Se formos incapazes de amar o nosso próprio coração e o nosso próprio fígado, como poderemos amar uma outra pessoa? Exercer o amor é, antes de tudo, pôr em prática um amor dirigido a nós mesmos – cuidando do nosso corpo, do nosso coração e do nosso fígado. Estamos cuidando de nós mesmos com amor e compaixão.

Quando sentimos dor de dente, sabemos que não sentir dor de dente é uma coisa maravilhosa. "Inspirando, estou consciente de não sentir dor de dente; expirando, sorrio por não sentir dor de dente." Podemos atingir a ausência de dor com a nossa consciência, e até mesmo com as mãos. Quando temos asma e mal podemos respirar, compreendemos que respirar livremente é uma coisa maravilhosa. Mesmo quando temos apenas o nariz entupido, sabemos que respirar livremente é uma coisa maravilhosa.

Todos os dias nos pomos em contato com o que está errado e, conseqüentemente, estamos nos tornando cada vez menos saudáveis. É por isso que temos de aprender a prática de chegar ao que não está errado – dentro e fora de nós. Quando entramos em contato com nossos olhos, com nosso coração, com nosso fígado, com nossa respiração e com o fato de não sentir dor de dente, e realmente nos alegramos com isso, compreendemos que as condições para chegar à paz e à felicidade já estão presentes. Quando caminhamos atentamente e tocamos a Terra com nossos pés, quando tomamos chá com amigos e apreciamos esse chá e a nossa amizade, ficamos curados e podemos transmitir essa cura à sociedade. Quanto mais tenhamos sofrido no passado, mais fortes nos tornaremos como agentes da cura. Podemos aprender a transformar o nosso sofrimento numa espécie de discernimento que virá a ajudar nossos amigos e a sociedade.

Não temos de morrer para entrar no Reino dos Céus. Na verdade, precisamos estar completamente vivos. Quando inspiramos e expiramos e abraçamos uma bela árvore, estamos no Céu. Quando respiramos conscientemente, conscientes de nossos olhos, do nosso coração, do nosso fígado, de não sentir dor de dente, somos imediatamente transportados para o Paraíso. A paz está ao nosso alcance. Temos apenas que entrar em contato com ela. Quando estamos realmente vivos, podemos ver que a árvore faz parte do Céu, assim como nós. Todo o universo está conspirando para nos revelar isso, mas estamos tão desligados que investimos nossos recursos cortando árvores. Se queremos entrar no Céu aqui na Terra, precisamos apenas dar um único passo consciente e fazer uma única respiração consciente. Quando alcançamos a paz, tudo se torna real. Passamos a ser nós mesmos, plenamente vivos no momento presente, e a árvore, nosso filho e tudo o mais se revela a nós no seu mais absoluto esplendor.

"O milagre é caminhar sobre a Terra." Essa declaração foi feita pelo mestre zen Lin Chi. O milagre não é caminhar pelo ar, ou sobre as águas, mas andar sobre a Terra. A Terra é tão linda... Nós também somos lindos. Podemos permitir a nós mesmos andar conscientemente, tocando a Terra, nossa mãe maravilhosa, a cada passo. Não precisamos desejar a nossos amigos "que a paz esteja convosco". A paz já está entre eles. Só precisamos ajudá-los a cultivar o hábito de entrar, a todo momento, em contato com a paz.

CAPÍTULO 2

Todos nós somos flores

Segundo a tradição Zen, a poesia e a meditação caminham sempre juntas. A poesia é feita de imagens e de música, e as imagens tornam a prática da meditação fácil. Eis aqui um exercício para nos ajudar na prática da meditação consciente, que muitos amigos consideraram inspirador e eficiente:

Inspirando, sei que estou inspirando.
Expirando, sei que estou expirando.
Para dentro/Para fora.

Inspirando, vejo a mim mesmo como uma flor.
Expirando, sinto-me cheio de frescor.
Flor/Frescor.

Inspirando, vejo-me como uma montanha.
Expirando, sinto-me sólido.
Montanha/Solidez.

Inspirando, vejo-me como uma água tranqüila.
Expirando, reflito as coisas tal como são.
Água/Reflexo.

Inspirando, vejo-me como se eu fosse o espaço.
Expirando, sinto-me livre.
Espaço/Liberdade.

Todos nós, adultos e crianças, somos belas flores. Nossas pálpebras são exatamente como pétalas de rosas, especialmente quando nossos olhos estão fechados. Nossos ouvidos são como campainhas que ouvem o cântico dos pássaros. Nossos lábios, todas as vezes que sorrimos, desenham uma bela flor. E nossas mãos são uma flor de lótus de cinco pétalas. A prática consiste em manter a nossa "floração" viva e presente, não apenas em nosso benefício, mas para a felicidade de todos.

Você sabe que, se deixarmos uma flor fora da água por algumas horas, o seu cabo secará. Quando recolocá-la na água, poderá ser muito tarde; talvez ela não tenha capacidade de absorver o líquido. Para salvar a flor, é preciso cortar novamente o cabo, se possível enquanto ela estiver submersa, a fim de que a água possa fluir imediatamente para dentro das células. Você pode até cortar um pouco os lados do cabo, para ajudar a água a penetrar lateralmente. Em pouco tempo, sua flor vicejará de novo.

Cada um de nós é uma flor, mas, algumas vezes nossa floração se encontra debilitada e precisa ser reavivada. Nós, flores humanas, precisamos de ar. Se inspirarmos e expirarmos profunda e conscientemente, vicejaremos imediatamente. Podemos respirar sentados, em pé, deitados ou caminhando e, depois de apenas alguns minutos, estaremos refeitos o bastante para partilhar nossa floração com terceiros. Nossos amigos precisam que sejamos flores. Quando estão tristes, se nos vêem felizes, lembrar-se-ão de retornar à sua própria floração e sorrirão novamente. Nós nos apoiamos mutuamente. Se soubermos reativar nossa floração quando ela não estiver muito viçosa, estaremos prestando à comunidade um verdadeiro serviço.

Meditação consiste em trazer paz, alegria e harmonia a nós mesmos e a outros. "Interromper" os pensamentos é a prática básica da meditação. Para manter a nossa floração viçosa, temos que aprender a pôr um ponto final em nossas preocupações, em nossas ansiedades, em nossa agitação e tristeza, de forma a que possamos encontrar a paz e a felicidade, e voltar a sorrir. Quando as coisas não estiverem indo bem, é bom parar para evitar que energias destrutivas e desagradáveis prossigam em sua marcha. Parar não significa reprimir; significa, antes de tudo, acalmar. Se queremos que o oceano fique calmo, não jogamos fora suas águas. Sem a água, nada resta. Quando notamos a presença da raiva, do medo e da agitação dentro de nós, não temos de jogá-los fora. Precisamos apenas inspirar e expirar conscientemente, e só isso é suficiente para acalmar a tempestade. Nós, porém, não precisamos esperar por uma tempestade para começar essa prática. Quando não estamos sofrendo, a respiração consciente nos faz sentir maravilhosamente bem, e é a melhor forma de nos prepararmos para enfrentar os problemas, quando eles chegarem.

Respirar é a melhor forma de estancar – de estancar a infelicidade, a agitação, o medo e a raiva. Você pode fazê-lo sentado, deitado, andando, de pé ou em qualquer posição. É especialmente agradável respirar ao ar livre, onde o ar é tão vivificante. Você pode deitar ou sentar na grama, ou andar devagarinho e inspirar e expirar, concentrando a sua atenção em cada respiração. Sem pensar em mais nada, você murmura, silenciosamente: *"Inspirando, sei que estou inspirando. Expirando, sei que estou expirando."* Se quiser, basta você dizer *"Para dentro"*, quando inspira, e *"Para fora"*, quando expira. Sabemos que as pessoas que sofrem de asma anseiam apenas por respirar livremente, e lembramo-nos de como pode ser prazeroso respirar. A respiração nos alimenta e pode nos proporcionar muita felicidade. Por favor, pratique o exercício "Para dentro/Para fora" quantas vezes quiser – cinco, dez, vinte vezes ou mais. É essencial à prática de estancar, acalmar e regressar ao nosso verdadeiro lar no momento presente.

Depois, quando se sentir pronto, tente o segundo verso: *"Inspirando, vejo a mim mesmo como uma flor. Expirando, sinto-me cheio de frescor.*" Quando inspirar, diga *"Flor"* e quando expirar, diga *"Frescor"*. Embora tenhamos nascido como as flores, depois de uma existência de preocupações e de ansiedade, não nos restaria nenhum frescor. Talvez não tenhamos cuidado suficientemente da nossa floração. Praticando este verso, regamos a nossa flor. Se o fizermos bem, todas as células do nosso corpo sorrirão, e em uma questão de cinco ou dez segundos, o tempo que leva para inspirar e expirar, restauraremos a nossa floração. Continuamos até que a nossa floração se estabilize.

Quando vemos alguém muito cheio de vida, gostamos de sentar ao seu lado. Essa pessoa sabe como preservar-se como flor. Adotando uma respiração consciente, também podemos nos tornar viçosos. Os jovens que não conheceram muito o sofrimento são ainda belas flores, da espécie que pode representar uma fonte de alegria para qualquer pessoa, a qualquer momento. Nós, apenas inspirando, expirando e sorrindo, também temos uma flor a oferecer, e quanto mais praticarmos a respiração e o sorriso, mais bela tornar-se-á a nossa flor. Uma flor não precisa fazer nada para ser útil – ela tem somente de ser uma flor. É o bastante. Um ser humano, se for realmente um ser humano, é suficiente para fazer o mundo inteiro exultar. Portanto, eu lhe peço: pratique a inspiração e a expiração e restaure a sua floração. Você o faz por todos nós. Seu frescor e sua alegria nos trarão paz.

"Inspirando, vejo-me como uma montanha. Expirando, sinto-me sólido. Montanha/Solidez." Esta prática é melhor executada na posição de lótus ou de semilótus, se possível, sentado sobre uma almofada. Estas posições são muito firmes, e a firmeza do seu corpo influi na estabilidade da sua mente. É aconselhável escolher uma almofada na espessura certa para sustentá-lo. Para sentar na posição de lótus, coloque um pé (posição de semilótus), ou os dois pés, sobre a coxa oposta. Se for muito difícil, sente-se em qualquer posição confortável, mas procure manter as costas eretas e as mãos suavemente dobradas sobre o colo. Se preferir

sentar em uma cadeira, os pés devem ficar encostados no chão e as mãos no colo. Ou, se preferir deitar-se de costas, mantenha as pernas esticadas e os braços junto ao corpo.

Imagine uma árvore em meio a uma tempestade. No seu ponto mais alto, os pequenos galhos e as folhas estão se agitando violentamente sob o vento. A árvore parece vulnerável, bem frágil – parece que pode se quebrar a qualquer momento. Mas se observar o seu tronco, você verá que ela é sólida; e se baixar os olhos para a trama de suas raízes, você verá que ela está profunda e firmemente fincada no solo. A árvore é realmente forte. Pode resistir à tempestade. Nós também somos uma espécie de árvore. Nosso tronco, nosso centro, encontra-se logo abaixo do umbigo. As áreas relativas ao nosso pensamento e às nossas emoções situam-se na cabeça e no peito. Quando uma forte emoção, como o desespero, o medo, a ira ou o ciúme, nos arrebata, devemos fazer o possível para fugir à zona de tempestade e descer ao vale a fim de praticar a inspiração e a expiração. Se permanecermos sob a ação dos ventos tempestuosos, podemos correr grande perigo. Podemos procurar refúgio dentro do tronco da árvore, inspirando e expirando, atentos ao movimento ascendente e descendente do seu abdômen.

Muitas pessoas não sabem como controlar as emoções. Quando um sentimento forte toma conta delas, não conseguem suportá-lo, e pensam até na possibilidade de suicídio. Isso acontece porque são colhidas no coração da tempestade, onde se sentem desprotegidas. Elas pensam que toda a vida se resume nessa única emoção – medo, desespero, ira ou ciúme – e que a única maneira de acabar com esse sofrimento é dando fim à vida.

Precisamos praticar a respiração consciente a fim de aprender a lutar quando os momentos difíceis chegam e emoções fortes nos dominam. "Inspirando, vejo-me como uma montanha. Expirando, sinto-me sólido. Montanha/Solidez." Se estiver atento ao movimento ascendente e descendente do seu abdômen, você pode ajudá-lo a erguer-se um pouco mais ao inspirar, e a baixar um pouco mais ao expirar. Fazendo esse exercício por poucos minutos, você verá que é mais forte do que pensava. Muito mais do que a sua emoção. Uma emoção chega, fica por pouco tempo e se vai – essa é a sua natureza. Por que deveríamos morrer por causa de uma emoção? Ela sempre passará – mais cedo ou mais tarde. Mergulhe no tronco da árvore e se agarre a ele firmemente, inspirando e expirando. Depois de alguns minutos, a emoção se apaziguará e você poderá fazer o exercício de caminhar meditando, de sentar meditando, ou de meditar tomando chá.

Não espere, para começar, que as condições se tornem adversas. Se você praticar a inspiração "Montanha" e a expiração "Solidez" diariamente, isso se tornará um hábito em menos de três semanas. Então, quando as emoções fortes aflorarem, será fácil para você apenas observá-las, até que passem. Se fizer esse exercício deitado, antes de dormir, pegará tranqüilamente no sono. Existe uma montanha dentro de você. Por favor, entre em contato com ela. Você é mais sólido e alegre do que pensa.

Meditar não é evitar problemas ou fugir das dificuldades. Nossa prática não consiste em fugir. Nossa prática consiste em adquirir bastante força para enfrentar, efetivamente, os problemas. Para chegar a isso, precisamos estar calmos, sólidos e viçosos. É por isso que precisamos praticar a arte do ponto final. Quando aprendemos a parar, ficamos mais calmos, e a nossa mente mais lúcida, como as águas que ficam mais claras após terem se assentado as partículas de lama. Sentando tranqüilamente, apenas inspirando e expirando, desenvolvemos força, concentração e lucidez. Portanto, sentem-se como uma montanha. Nenhum vento pode derrubar uma montanha. Se puderem sentar durante meia hora, façam-no com alegria. Se puderem sentar por alguns minutos, façam-no com alegria. Isso já é bom.

"Inspirando, vejo-me como uma água tranqüila. Expirando, reflito as coisas tais como são. Água/Reflexo." Perto da montanha há um lago de águas límpidas e calmas, que refletem a mon-

tanha e o céu com prístina claridade. Você pode fazer o mesmo. Se estiver suficientemente calmo e tranqüilo, você pode refletir a montanha, o céu azul e a lua, exatamente como eles são. Você reflete tudo o que vê exatamente como é, sem distorcer nada.

Você já se viu num daqueles espelhos que distorcem a imagem? O rosto se alonga, os olhos ficam imensos e as pernas curtíssimas. Não seja como esses espelhos. É melhor ser como a água tranqüila do lago da montanha. Nós, freqüentemente, não refletimos as coisas com clareza, e sofremos devido ao erro de nossas percepções. No meu livro *Being Peace*, usei o seguinte exemplo: suponha que você está caminhando ao cair da tarde e vê uma cobra. Você grita e corre para casa chamando os amigos, e todos correm para fora com uma lanterna. Quando, porém, vocês iluminam a cobra, descobrem que não se trata de uma cobra, mas de um pedaço de corda. Este é um exemplo de percepção distorcida.

Quando olhamos para as coisas ou ouvimos as pessoas, nós, muitas vezes, não vemos nem ouvimos claramente. Vemos e ouvimos nossas projeções e nossos preconceitos. Não somos suficientemente lúcidos e temos uma percepção errônea. Mesmo que um amigo nosso nos esteja fazendo um elogio, podemos discutir com ele, por distorcermos o que ele diz. Se não estivermos calmos, se atentarmos apenas para as nossas esperanças ou para a nossa raiva, não estaremos aptos a receber a verdade que está tentando refletir-se no nosso lago. Precisamos aquietar as nossas águas, se quisermos receber a realidade tal qual é. Se você se sente agitado, não diga nem faça nada. Apenas inspire e expire até se sentir calmo o bastante. Peça, então, a seu amigo que repita o que disse. Isso evitará muitos aborrecimentos. A tranqüilidade é a base do entendimento e do discernimento. Tranqüilidade é força.

A prática de parar e de se acalmar contém em si a prática do discernimento. Não somente a montanha, mas tudo – as árvores, o vento, os pássaros, tudo o que nos rodeia e tudo dentro de nós –, tudo quer refletir-se em nós. Nós não temos que ir a lugar nenhum para chegar à verdade. Precisamos apenas estar calmos e as coisas revelar-se-ão a si mesmas nas águas plácidas de nossos corações.

A lua vivificante do Buda
está cruzando um céu absolutamente vazio.
Se o lago da mente estiver calmo,
a linda lua nele se refletirá.

"Inspirando, vejo-me como se eu fosse o espaço. Expirando, sinto-me livre. Espaço/Liberdade." Quando você faz um arranjo de flores, é bom deixar um espaço entre elas, para que possam exibir-se em todo o seu esplendor e viço. Você não precisa de muitas flores – bastam duas ou três. Nós, seres humanos, também precisamos de espaço para sermos felizes. Praticamos a arte de fazer uma pausa e de nos acalmar, a fim de proporcionar a nós mesmos, e também àqueles que amamos, um espaço, interna e externamente. Precisamos nos apartar de nossos projetos, de nossas preocupações, de nossos aborrecimentos e remorsos, e criar um espaço ao nosso redor. Espaço é liberdade.

Um dia, o Buda estava sentado em companhia de uns trinta monges, numa floresta, perto da cidade de Vaisali. Era o começo da tarde e eles estavam prestes a começar um debate sobre o dharma, quando um fazendeiro aproximou-se, parecendo muito transtornado. Ele disse que todas as suas doze vacas haviam fugido, e queria saber se o Buda ou os monges as haviam visto. Acrescentou que também possuía dois acres plantados com gergelim, os quais haviam sido devorados pelos insetos, e concluiu dizendo: "Caros monges, acho que vou morrer. Sou a pessoa mais infeliz do mundo."

O Buda respondeu: "Senhor, não vimos suas vacas. Por favor, procure em outra direção." Depois que o homem partiu, o Buda voltou-se para os monges e disse: "Amigos, vocês são muito afortunados. Vocês não possuem nenhuma vaca." Nossa prática consiste em livrar-nos das nossas vacas. Se tivermos muitas

23

vacas, dentro de nós ou ao nosso redor, devemos deixá-las partir. Sem espaço, não há como sermos felizes. Cuidamos de tanta coisa, preocupamo-nos com tanta coisa, temos tantos projetos, e julgamos a todos cruciais para a nossa felicidade; mas isso está errado. Quanto mais vacas soltarmos, mais felizes seremos.

"A lua vivificante do Buda está cruzando um céu absolutamente vazio" – é a imagem de alguém que possui liberdade e espaço, interna e externamente. Podemos fazer qualquer coisa – caminhar, tomar chá, conversar – de uma forma que valorize a nossa liberdade. Não temos que fazer as coisas sob pressão. Podemos limitar-nos a uns poucos projetos e executá-los com serenidade e alegria. Podemos opor-nos a que nossas vacas nos carreguem. Nossa liberdade e nossa felicidade são muito importantes para serem oferecidas em sacrifício dessas coisas.

Precisamos parar de destruir o nosso corpo e a nossa alma em favor da idéia de uma felicidade futura. Precisamos aprender a viver felizes no momento presente, a entrar em contato com a paz e a alegria que estão, neste momento, à nossa disposição. Se alguém nos perguntar se o melhor momento da nossa vida já chegou, podemos responder que irá chegar muito em breve. Mas se continuarmos a viver do mesmo modo, talvez ele nunca chegue. Temos que transformar este momento no mais maravilhoso momento, e podemos fazê-lo parando – parando de correr rumo ao futuro, parando de nos preocupar com o passado, parando de acumular tantas vacas. Você é uma pessoa livre; você está vivo. Abra os olhos e admire o brilho do sol, a beleza do céu e as crianças maravilhosas ao seu redor. Inspirar e expirar conscientemente o ajudará a se tornar melhor – calmo, cheio de vida, sólido, lúcido e livre, apto a usufruir o momento presente como o melhor momento da sua vida.

CAPÍTULO 3

Como transformar o nosso adubo

Quando examinamos cuidadosamente uma flor, podemos constatar que ela é composta inteiramente de elementos não-florais, como sol, chuva, solo, adubo, ar e tempo. Se prosseguirmos nesse exame acurado, notaremos que ela está prestes a se transformar em adubo. Se não notarmos isso, ficaremos chocados quando a flor começar a se decompor. Quando examinamos atentamente o adubo, vemos que ele também está prestes a se transformar em flores e compreendemos que adubo e flores se integram. Precisam um do outro. Um bom jardineiro orgânico não discrimina o adubo, porque sabe como transformá-lo em cravos, em rosas e em muitos outros tipos de flores.

Quando examinamos a nós mesmos em profundidade, vemos tanto flores como lixo. Cada um de nós tem raiva, ódio, depressão, discriminação racial e muitas outras espécies de lixo, mas não há necessidade de sentir medo. Da mesma forma que um jardineiro sabe como transformar adubo em flores, podemos aprender a arte de transformar a raiva, a depressão e a discriminação racial em amor e compreensão. Este é o trabalho da meditação.

Segundo a psicologia budista, nossa consciência está dividida em duas partes, como uma casa de dois pavimentos. No térreo,

há uma sala de visitas que chamamos de "mente consciente". Sob o andar térreo existe um porão, que chamamos de "consciência armazenadora". Nesta, tudo o que fizermos, experimentarmos ou percebermos fica armazenado sob a forma de uma semente ou de um filme. Nosso porão é um arquivo de todos os tipos de filmes imagináveis, guardados em fita de vídeo. No andar de cima, na sala, sentamo-nos em uma cadeira e assistimos a esses filmes, à medida que eles são trazidos do porão.

Alguns filmes, como *Ira*, *Medo* ou *Desespero*, parecem ter a capacidade de sair do porão por conta própria. Abrem a porta da sala e se instalam no nosso aparelho de vídeo, pouco importando que nós os tenhamos escolhido ou não. Quando isso acontece, ficamos paralisados, e não temos outra saída senão assisti-los. Felizmente, cada filme tem uma duração limitada e, quando termina, volta para o porão. Mas, a cada vez que é visto por nós, ele estabelece uma posição melhor na prateleira do arquivo, e sabemos que, em breve, retornará. Algumas vezes, um estímulo exterior, como alguém dizendo algo que fira nossos sentimentos, aciona a exibição de um filme na nossa tela de TV. Gastamos demais o nosso tempo assistindo a esses filmes, e muitos deles estão nos destruindo. Aprender a pôr um ponto final neles é primordial para o nosso bem-estar.

Textos tradicionais descrevem a consciência como um campo, um pedaço de terra onde todo tipo de semente pode ser plantada – sementes de dor, de felicidade, de alegria, de mágoa, de medo, de raiva e de esperança. A consciência armazenadora também é descrita como um depósito cheio de todas as nossas sementes. Quando uma semente se manifesta na nossa mente consciente, sempre volta mais forte ao depósito. A qualidade de nossa vida depende da qualidade das sementes armazenadas na nossa consciência.

Podemos ter o hábito de manifestar sementes de raiva, de mágoa e de medo na nossa mente consciente, sementes de alegria, de felicidade e de paz podem não brotar muito. Praticar a consciência significa reconhecer cada semente à medida que elas sobem do depósito, e regar sempre que possível as sementes mais sadias, a fim de ajudá-las a crescer mais fortes. Em cada momento em que estamos atentos a algo sereno e belo, regamos sementes de serenidade e de beleza em nós – e lindas flores desabrocham na nossa consciência. O tempo que levamos regando uma semente determina-lhe a força. Por exemplo, se paramos diante de uma árvore, respiramos conscientemente e a fruímos por cinco minutos, sementes de felicidade dentro de nós serão regadas durante cinco minutos, e essas sementes crescerão mais fortes. Nesses mesmos cinco minutos, outras sementes, como as do medo e da dor, não serão regadas. Temos que pôr isso em prática todos os dias. Qualquer semente que se manifeste na nossa mente consciente sempre volta mais forte à nossa consciência armazenadora. Se regamos cuidadosamente nossas sementes sadias, podemos confiar que a nossa consciência se encarregará do trabalho de cura.

Nosso corpo é dotado do poder de curar. Toda vez que cortamos um dedo, lavamos o corte cuidadosamente e deixamos o trabalho de cura por conta de nosso corpo. Em poucas horas, ou em um dia, o corte está cicatrizado. Também a nossa consciência é dotada de poder de curar. Suponha que você viu na rua alguém que conheceu há vinte anos e cujo nome é incapaz de lembrar. A semente dessa pessoa tornou-se muito fraca na sua memória, uma vez que ela não teve a oportunidade de se manifestar no nível superior da sua consciência durante esse tempo todo. No caminho de volta, você vasculha seu depósito a fim de encontrar a semente de seu nome, mas não a consegue encontrar. Por fim, você acaba com dor de cabeça de tanto esforço. Então, pára de procurar e começa a ouvir uma fita ou um CD com uma bela música. Depois, desfruta de um jantar delicioso e de uma bela noite de sono. De manhã, ao escovar os dentes, o tal nome simplesmente aflora. "Ah, sim, é esse o seu nome!" Isso significa que, durante a noite, quando sua mente consciente cessou a busca, a consciência armazenadora continuou a trabalhar e, pela manhã, apresentou-lhe os resultados.

A cura tem muitos caminhos. Quando sentimos raiva, dor ou desespero, só precisamos inspirar e expirar conscientemente e reconhecer o sentimento de raiva, dor ou desespero, e depois deixar o trabalho da cura para a nossa consciência. Mas não é somente pelo fato de entrar em contato com a nossa dor que podemos nos curar. Na verdade, se não estivermos prontos para isso, entrar em contato com ela poderá apenas exacerbá-la. Precisamos primeiro nos fortalecer, e a forma mais fácil de fazê-lo é entrando em contato com a paz e a alegria. Existem muitas coisas maravilhosas, mas como centralizamos nossa atenção no que está errado, não estamos aptos a entrar em contato com o que *não* está errado. Se despendermos algum esforço para inspirar e expirar e entrar em contato com o que não está errado, mais fácil será a cura. Muitos de nós trazem dentro de si tanta dor que se torna difícil tocar uma flor ou segurar a mão de uma criança. Mas precisamos fazer algum esforço para desenvolver o hábito de tocar o que é belo e propício. Esta é a maneira de ajudar nossa consciência armazenadora a realizar o trabalho de cura. Se entrarmos em contato com o que é pacífico e curativo em nós e ao nosso redor, ajudamos nossa consciência armazenadora a executar o trabalho de transformação. Nós nos deixamos curar pelas árvores, pelos pássaros, pelas belas crianças. De outra maneira, apenas reprisaremos o nosso sofrimento.

Existe na nossa consciência armazenadora uma semente maravilhosa – a semente da plena consciência –; quando se manifesta, tem a capacidade de discernir o que está acontecendo no momento presente. Se damos um passo tranqüilo e feliz, e sabemos que estamos dando um passo tranqüilo e feliz, a consciência está presente. A consciência é um importante agente para a nossa transformação e cura, mas a nossa semente de consciência vem sendo há muito soterrada sob inúmeras camadas de dor e de esquecimento. Raramente estamos cientes de que temos olhos que vêem com clareza, um coração e um fígado que funcionam bem, e de não sentirmos dor de dente. Vivemos no esquecimento, procurando a felicidade em algum outro lugar, ignorando e esfacelando os preciosos elementos de felicidade que já existem dentro e fora de nós. Se inspiramos e expiramos e vemos que a árvore está ali, viva e bela, a semente da nossa consciência será regada e crescerá mais forte. Quando começamos a praticar, no princípio a nossa conscientização será mais fraca, como uma lâmpada de quinze *watts*. Mas assim que começarmos a prestar atenção à nossa respiração, ela começa a se fortalecer, e depois de persistirmos nessa prática por algumas semanas, torna-se tão brilhante quanto uma lâmpada de cem *watts*. Com a luz da consciência brilhando, entramos em contato com muitos elementos maravilhosos dentro e fora de nós e, ao fazê-lo, regamos as sementes de paz, de alegria e de felicidade que existem em nós e, ao mesmo tempo, deixamos de regar as sementes da infelicidade.

No princípio, pelo fato de as termos regado diariamente, as sementes de infelicidade que existem em nós são muito fortes. Nossas sementes de raiva foram regadas pela nossa mulher e por nossos filhos. Pelo fato de eles mesmos sofrerem, eles só sabem regar nossas sementes de sofrimento. Quando essas sementes de infelicidade são fortes, mesmo que não as convidemos a sair do porão, elas empurrarão a porta e cairão em nossa sala de visita. Sua presença não é nada agradável. Podemos tentar reprimi-las e mantê-las no porão, mas pelo fato de as termos regado tanto, são bastante fortes para subir ao nível superior da nossa consciência, mesmo sem convite.

Muitos de nós sentem necessidade de fazer alguma coisa todo o tempo – ouvir um *walkman*, assistir televisão, ler um livro ou uma revista, falar ao telefone. Procuramos nos manter ocupados na nossa sala de visitas para driblar as preocupações e as ansiedades que existem no porão. Mas, se analisarmos profundamente a natureza dos hóspedes que estamos convidando a entrar em nossa sala de visitas, veremos que muitos deles contêm as mesmas toxinas que estão presentes nas sementes negativas que, com tanto afinco, estamos tentando evitar. Mesmo quando impedimos que essas sementes negativas aflorem, estamos regando-as e tornando-as mais fortes. Muitos de nós até se dedicam a obras sociais ou ambientais para evitar encarar seus problemas.

Para sermos felizes, precisamos regar a semente de consciência que existe dentro de nós. A consciência é a semente da iluminação, da percepção, do entendimento, do cuidado, da compaixão, da liberação, da transformação e da cura. Se a cultivarmos, entramos em contato com os aspectos prazerosos e alegres da vida, em nós e ao nosso redor, coisas com as quais não podemos entrar em contato quando vivemos no esquecimento. A consciência torna coisas como os nossos olhos, o nosso coração, os nossos dentes sadios, a lua e as árvores, mais belas e mais significativas. Se entramos conscientemente em contato com essas coisas maravilhosas, elas se revelarão no seu pleno esplendor. Quando entramos conscientemente em contato com a nossa dor, começamos a transformá-la. Quando um bebê está chorando na sala, a mãe acode imediatamente, segurando-o ternamente nos braços. Como a mãe é feita de amor e de carinho, quando ela o segura em seus braços, o amor e o carinho penetram o bebê e, em apenas alguns minutos, ele provavelmente deixará de chorar. A consciência é a mãe que cuida da nossa dor toda vez que ela começa a chorar.

Enquanto a dor se encontra no porão, você pode gozar de muitos aspectos agradáveis e saudáveis da vida, conscientemente. Então, quando a dor quiser subir, você estará em condições de desligar o *walkman*, fechar o livro, abrir a porta da sala e convidar a dor a entrar. Você pode sorrir para ela e abraçá-la com a sua consciência, que se fortaleceu. Por exemplo, se o medo quer subir, não o ignore. Saúde-o afetuosamente com sua consciência plena. "Medo, meu velho amigo, eu o reconheço." Se você tiver medo do seu medo, ele pode dominá-lo. Mas se, consciente, calmo e sorridente, você o convidar a aparecer, ele perderá um pouco de sua força. Depois de ter regado constantemente as sementes da consciência por algumas semanas, você estará suficientemente forte para convidar o seu medo a subir a qualquer momento, pois você estará apto a abraçá-lo com sua consciência. Pode não ser algo muito agradável, mas, estando consciente, você estará seguro.

Se você der as boas-vindas a um mal menor com plena consciência, ele se transformará em poucos minutos. Apenas inspire e expire – e sorria para ele. Quando, porém, você se defrontar com uma massa de dor mais forte, é necessário mais tempo. Medite sentado e andando, enquanto acolhe a sua dor em plena consciência e, mais cedo ou mais tarde, ela se transformará. Se com a prática você aperfeiçoou o grau de sua conscientização, essa transformação será mais rápida. Quando a consciência acolhe a dor, começa a penetrá-la e a transformá-la, como a luz do sol quando banha um botão de flor, ajudando-o a se abrir. Quando a consciência entra em contato com algo belo, revela a sua beleza. Quando toca em algo doloroso, ela o cura e transforma.

Outra maneira de acelerar a transformação chama-se análise profunda. Quando analisamos profundamente uma flor, reconhecemos os elementos não-florais que a ajudam a existir – as nuvens, a Terra, o jardineiro, o solo. Quando analisamos profundamente a nossa dor, vemos que o nosso sofrimento não é só nosso. Muitas sementes de sofrimento nos foram legadas pelos nossos antepassados, pelos nossos pais e pela sociedade em que vivemos. Temos que reconhecer essas sementes. Um rapaz que freqüenta Plum Village contou-me a seguinte história. Quando ele tinha onze anos, sentia muita raiva de seu pai. Toda vez que ele caía e se machucava, o pai se zangava e gritava com ele. O rapaz prometeu ser diferente, quando crescesse. Mas há alguns anos, sua irmãzinha estava brincando com outras crianças, caiu do balanço e arranhou o joelho. O joelho sangrou e ele ficou muito zangado. Quis gritar com ela: "Que estúpida! Por que você fez isso?" Mas controlou-se. Por estar praticando a conscientização, soube reconhecer a raiva e não a deixou prevalecer.

Alguns adultos que estavam presentes cuidaram de sua irmã, lavando o ferimento e fazendo um curativo. Então ele se afastou lentamente e começou a analisar com profundidade. Subitamente, percebeu que ele era exatamente como o pai, e compreendeu que, se não fizesse algo com sua raiva, ele a transmitiria a seus filhos. Esta foi uma descoberta notável para um menino de onze anos. Ele percebeu, ao mesmo tempo, que o pai, assim como ele, poderia ter sido uma vítima. As sementes da raiva de seu pai poderiam ter sido transmitidas por seus avós. Pelo fato de cultivar essa análise profunda, com plena consciência, ele pôde transformar sua raiva em compreensão. Foi então ao encontro do pai e lhe disse que, pelo fato de agora entendê-lo, tinha condições de amá-lo verdadeiramente.

Quando estamos irritados e dizemos algo desagradável ao nosso filho, estamos regando nele as sementes do sofrimento. Quando ele reage, está regando em nós as sementes do sofrimento. Viver desta maneira aumenta e fortalece o sofrimento. Através da consciência, inspirando e expirando calmamente, podemos praticar uma análise profunda em relação aos tipos de sofrimento que trazemos dentro de nós. Ao fazê-lo, começamos também a entender nossos antepassados, nossa cultura e nossa sociedade. No momento em que compreendemos isso, podemos voltar e servir nossa gente com amorosa bondade e compaixão – sem recriminações. Por causa da nossa compreensão, somos capazes de cultivar a paz e a reconciliação verdadeiras. Quando você remove o conflito entre você e os outros, você também remove o conflito dentro de você mesmo. Uma seta pode salvar dois pássaros ao mesmo tempo – se você acertar no galho, ambos os pássaros voarão. Cuide, em primeiro lugar, de si mesmo. Reconcilie os elementos conflitantes que existem dentro de você sendo consciente e praticando o amor e a bondade. Depois, reconcilie-se com a sua gente, entendendo-a e amando-a, mesmo que lhe falte o entendimento.

As sementes do sofrimento estão sempre tentando emergir. Se tentamos reprimi-las, provocamos uma falta de circulação na nossa psique e ficamos doentes. A prática da consciência plena nos ajuda a ficar fortes o bastante para abrir a porta da nossa sala de visitas e deixar a dor entrar. Toda vez que nossa dor se torna consciente, ela perde um pouco da sua força, e depois, ao voltar ao depósito da nossa consciência, estará mais fraca. Ao emergir novamente, se a nossa consciência estiver ali presente para dar-lhe as boas-vindas, como uma mãe a seu bebê, a dor diminuirá e voltará ao porão mais debilitada ainda. Dessa forma, geramos na nossa psique uma boa circulação, e começamos a nos sentir muito melhor. Se o sangue circula bem no nosso corpo, sentimos bem-estar. Se a energia de nossas formações mentais está circulando bem entre a nossa consciência armazenadora e a nossa mente consciente, também sentimos bem-estar. Não precisamos ter medo da nossa dor se a nossa consciência estiver presente para recebê-la e transformá-la.

Nossa consciência constitui a totalidade de nossas sementes, a totalidade de nossos filmes. Se as sementes boas forem fortes, seremos mais felizes. A meditação ajuda a semente da consciência plena a crescer e a se desenvolver, como a luz dentro de nós. Se praticarmos uma vida consciente, saberemos como regar as sementes da alegria e como transformar as sementes da tristeza e do sofrimento, para que a compreensão, a compaixão e a bondade amorosa floresçam dentro de nós.

CAPÍTULO 4

Já chegamos

Um dia, eu estava num ônibus na Índia, em companhia de um amigo que estava organizando a minha visita àquele país. Meu amigo pertencia à casta que vinha sofrendo discriminação há milhares de anos. Eu estava admirando a paisagem pela janela, quando percebi que ele ficara muito tenso. Eu sabia que ele estava preocupado em tornar minha viagem agradável, e então lhe disse: "Por favor, relaxe. Eu já estou adorando a minha visita. Tudo está ótimo." Realmente, não havia necessidade de preocupações. Ele recostou-se e sorriu, mas pouco depois estava tenso novamente. Quando olhei para ele, reconheci a batalha que se travava há quatro ou cinco mil anos dentro dele, como pessoa, e dentro de toda a sua casta. Agora, organizando minha visita, ele continuava a lutar. Não podia relaxar nem por um segundo.

Todos nós temos a tendência de lutar em nossos corpos e em nossas mentes. Acreditamos que a felicidade só é possível no futuro. É por isso que a prática do "eu cheguei" é tão importante. A idéia de já termos chegado, de não termos que seguir além, de já estarmos aqui, pode nos proporcionar paz e alegria. As condições para a nossa felicidade já são suficientes. Só precisamos nos decidir a estar no momento presente, e ficaremos aptos a contatá-las.

Sentado no ônibus, meu amigo ainda não concordava em viver o momento presente. Estava preocupado com o meu conforto, quando eu já me sentia confortável. Sugeri-lhe então que relaxasse, o que não era fácil para ele, porque a energia habitual estava lá há muito tempo. Mesmo depois que o nosso ônibus chegou à estação, e depois de termos desembarcado, meu amigo ainda não conseguia se divertir. Toda a minha visita à Índia transcorreu muito bem, e a sua organização foi um verdadeiro sucesso, mas temo que, até hoje, ele ainda não tenha sido capaz de relaxar. Sofremos a influência de gerações passadas, de nossos ancestrais e de nossa sociedade. A prática de parar e analisar profundamente visa deter a energia habitual sustentada pelas nossas sementes negativas. Quando somos capazes de parar, abrangemos todas elas e pomos termo ao círculo vicioso chamado *samsara*.

Temos que viver de forma a libertar os antepassados e as futuras gerações que estão dentro de nós. Alegria, paz, liberdade e harmonia não são questões individuais. Se não libertarmos nossos antepassados, seremos escravos durante toda a nossa vida, e transmitiremos isso a nossos filhos e netos. Agora é o momento de fazê-lo. Libertá-los significa libertar a nós mesmos. Essa é a lição da inter-relação dos seres. Enquanto os antepassados que existem dentro de nós ainda estiverem sofrendo, não podemos ser realmente felizes. Se damos um passo consciente, livre, feliz, em contato com a Terra, o fazemos por todas as gerações passadas e futuras. Todas elas chegam conosco no mesmo momento, e todos encontramos a paz ao mesmo tempo.

Dentro de cada um de nós existe uma criança que precisa ser protegida. Essa criança é todas as gerações futuras, e a melhor forma de cuidar dela é praticando a arte de viver conscientemente. Mesmo antes de ser concebido, nosso filho já está ali. Se cuidarmos bem dele agora, estaremos prontos quando o médico nos disser que ele está no nosso útero. Na obra *Sutra Avatamsaka*, há uma história sobre Mahamaya, a mãe de Buda, e de um jovem chamado Sudhana, que fizera voto de alcançar a iluminação. Mahamaya vivia uma vida consciente, tranqüila, e sua presença alegre era um deleite para todos. Quando soube que estava grávida, estava pronta. O mestre de Sudhana, Manjusri Bodhisattva, pedira-lhe que estudasse com outros mestres a fim de aperfeiçoar seu entendimento, de forma que Sudhana partiu em peregrinação. Durante suas viagens, encontrou cinqüenta e três mestres, incluindo intelectuais, operários, crianças, monges, freiras, leigos, budistas e não-budistas. Isso significa que podemos aprender com todas as pessoas. Entre esses cinqüenta e três estava Mahamaya.

Sudhana descobriu que não era fácil conseguir uma entrevista com a mãe de Buda. Foi aconselhado a meditar em profunda concentração se realmente quisesse vê-la. Então ele sentou-se, cruzou as pernas e praticou a respiração consciente, quando, subitamente, uma enorme flor de lótus, com cem milhões de pétalas, brotou da Terra bem diante dele. Em questão de segundos, viu-se sentado numa dessas pétalas, que era também uma enorme flor de lótus com cem milhões de pétalas. Bem diante dele estava Mahamaya. Ela estava sentada em outra flor de lótus com cem milhões de pétalas, e a pétala em que estava sentada também era, por sua vez, um enorme lótus, com cem milhões de pétalas. Sudhana sorriu alegremente e saudou a mãe de Buda.

Mahamaya pode ver que Sudhana estava em busca da iluminação, e disse-lhe: "Meus mais sinceros cumprimentos, meu jovem. Estou encantada por vê-lo. Sou a mãe de todos os budas do cosmos – passados, presentes e futuros." Em seguida, contou-lhe: "Meu jovem, quando fiquei grávida de Siddhartha, o Buda Shakyamuni, centenas de milhões de budas e de bodhisattvas de todos os cantos do universo vieram prestar homenagens ao meu filho. Eu não podia recusar, e todos entraram ao mesmo tempo em meu útero. E sabia que havia espaço mais que suficiente para todos eles!"

Nesse instante, Sudhana fez o voto de chegar à iluminação para que pudesse despertar todos os seres humanos, e percebeu, imediatamente, que todos os budas do universo estendiam os braços para afagar-lhe a cabeça, congratulando-o, e que suas mãos não se chocavam! Quando alguém assume o compromisso de ser um bodhisattva, o efeito repercute por todo o universo. Este voto é suficiente para transformar o mundo, e todos os budas sabem disso. Por isso eles afagam-lhe a cabeça e sorriem cumprimentando-o.

No mesmo sutra, lemos que quando Diamond Matrix atingiu o mais alto dos dez estágios de um bodhisattva, proferiu um discurso sobre sua experiência na prática. Muitos outros bodhisattvas vieram ouvi-lo e, terminado o discurso, mais alguns milhões de bodhisattvas chamados Diamond Matrix acorreram de todos os cantos do universo e lhe disseram: "Nossas congratulações! Nós também nos chamamos Diamond Matrix, e fizemos exatamente o mesmo discurso através de todo o universo."

Essas imagens ilustram o princípio da inter-relação dos seres – o um que são muitos e os muitos que são um. Cuidar bem do seu bebê é cuidar bem de tudo. Na obra *Sutra Avatamsaka*, o *dharmadhatu* é descrito como um mundo de luz e de inter-relação entre os seres. A lua está em mim. Minha amada está em mim. Também aqueles que me fazem sofrer estão em mim. Nosso mundo de discriminação e miséria é chamado de *lokadhatu*. É um mundo onde as coisas existem externamente a cada ser – eu estou fora de você, e Saddam Hussein está fora de George Bush. Mas no *dharmadhatu*, o presidente Hussein está no presidente Bush, e não existe ódio ou culpa. No *dharmadhatu*, estamos no mundo maravilhoso da inter-relação dos seres. A vida e a morte se inter-relacionam. Ninguém tem medo de morrer, porque morrer significa renascer sob outra forma. Quando uma nuvem morre, transforma-se em chuva. Para nutrir a nós mesmos, temos que adentrar o *dharmadhatu*.

O *dharmadhatu*, na verdade, não difere do *lokadhatu*. Com um passo consciente, em contato com a Terra em plena percepção, adentramos o *dharmadhatu* e somos envolvidos pela luz. Somos tudo o que existe; não há discriminação. Tudo o que fazemos por nós mesmos é dirigido aos outros; tudo o que fazemos pelos outros o fazemos por nós mesmos. A prática da consciência plena equivale a cuidar do bebê que trazemos no útero da melhor forma possível, e dar à luz esse bebê em todos os momentos da nossa vida. A cada momento em que estamos despertos, nasce um bebê buda. Quando praticamos a paz e estamos aptos a sorrir, nossa paz pode influenciar o universo inteiro. Cada um de nós está grávido de um buda. Todos possuímos uma natureza búdica. Todos nós somos um buda por vir-a-ser. Temos que cuidar muito bem do nosso bebê-buda.

Depois de ter crescido e de ter praticado meditação por alguns anos, examinando cuidadosamente seu corpo, seus sentimentos, suas percepções, suas criações mentais e sua consciência, um dia Siddhartha, que viria a ser buda, sentiu que estava em ponto de ruptura. Meditando sob uma formosa árvore, teve o pressentimento de que, em algum instante daquela noite, ele chegaria à plena iluminação e se tornaria um buda. De repente, Mara apareceu. Mara algumas vezes aparece sob a forma de dúvida; outras vezes sob a forma de ira, de trevas, de ciúme, de desejo ou de desespero. Quando nos sentimos em dúvida ou céticos, ela está presente. Quando nos sentimos irados, irritados ou desprovidos de autoconfiança, isso é Mara. Siddhartha já fora visitado por Mara muitas vezes, e sabia que a melhor forma de tratá-la era sendo gentil.

Nesse dia, Mara apresentou-se sob a forma do ceticismo. E disse: "Quem você pensa que é? Você pensa que pode chegar à grande iluminação? Você não vê quanta treva, quanto desespero e quanta confusão reina no mundo? Como você pode ter esperança de dissipar tudo isso?" Siddhartha sorriu, demonstrando grande confiança. Mara prosseguiu: "Sei que você tem meditado, mas meditou o suficiente? Quem testemunhará que você meditou muito e com muito afinco? Quem atestará que você merece a iluminação?" Mara exigia que alguém confirmasse que Siddhartha estava prestes a tornar-se um buda, uma pessoa plenamente consciente. Nesse momento, Siddhartha tocou a Terra com a mão direita, com muita intensidade, com toda sua consciência, e respondeu: "A Terra será a minha testemunha." De repente, a Terra tremeu e surgiu sob a forma de uma deusa, oferecendo-lhe flores, folhas, frutos e perfumes. Depois disso, a Terra olhou diretamente para Mara, e Mara desapareceu.

Mesmo depois que Buda chegou à iluminação, Mara continuou a visitá-lo. Certa vez, depois de ter ficado ensinando por um ano e meio, voltou à sua terra natal, Kapilavastu, para partilhar suas descobertas com sua família e com sua gente. Um dia, meditando a sós, absorveu-se no pensamento de que devia haver uma forma não-violenta de governar um país que evitasse os sofrimentos suscitados por prisões, torturas, execuções e guerra, e que trouxesse a verdadeira felicidade ao povo. Subitamente, Mara apareceu e disse: "Senhor Buda, por que não tornar-se um político? Você pode usar sua sabedoria, seus conhecimentos e habilidades como um político." O Buda encarou Mara e sorriu: "Mara, minha velha amiga, eu conheço você muito bem", e Mara desapareceu. O Buda não queria ser um político. Só queria ser um monge, e sabia que era Mara que o estava tentando para tornar-se um político. Tudo o que fez foi reconhecer Mara e sorrir para ela. Quando reconhecemos Mara como Mara, tudo corre bem.

Às vezes nós entramos em contato com a Terra, mas não com a intensidade necessária. Quando o Buda tocou a Terra com a mão, tocou-a com a plenitude da sua consciência. Em Plum Village, quando Mara nos visita – quando nos sentimos irritados, com falta de autoconfiança, irados ou infelizes –, praticamos meditação caminhando, tocando a Terra intensamente com os pés.

Quando o fazemos conscientemente e com alegria, Mara nos deixa em paz em menos de uma hora.

A Terra, nossa mãe, nos trouxe à vida muitas vezes, e a cada renascimento ela nos acolhe em seus braços. Ela sabe tudo sobre nós, e foi por isso que o Buda a invocou como testemunha. Ela surgiu como uma deusa, oferecendo flores, folhas, frutos e perfumes para o Buda. Então, simplesmente, ela olhou para Mara e sorriu, e Mara desapareceu. Mara, na presença da Terra, não significa muita coisa. Se a cada vez que Mara se aproximar, você se chegar à Terra e pedir ajuda, tocando-a com intensidade, como o fez Buda, muitos outros dons da natureza lhe serão oferecidos, além de flores, frutos e borboletas, e a Terra enfrentará Mara de tal maneira que ela desaparecerá.

Temos tantos motivos para ser felizes. A Terra está cheia de amor por nós, e de paciência. Sempre que ela nos vê sofrer, ela nos protege. Tendo a Terra por refúgio, não precisamos ter medo de nada, nem de morrer. Andando conscientemente sobre a Terra, somos alimentados pelas árvores, pelos arbustos, pelas flores e pela luz solar. Entrar em contato com a Terra é uma prática muito profunda que pode restaurar a nossa paz e a nossa alegria. Somos filhos da Terra. Confiamos na Terra e a Terra confia em nós. Se a Terra é bela, fresca e verdejante, ou árida e crestada, isso depende da nossa maneira de caminhar. Por favor, toque a Terra com todo o cuidado, com alegria e concentração. A Terra irá curar você e você irá curar a Terra.

Uma das melhores maneiras de entrar em contato com a Terra é praticar a meditação caminhando. Caminhamos vagarosamente, acariciando a Terra, plantando sementes de alegria e de felicidade a cada passo, e acompanhando, ao mesmo tempo, a nossa respiração. Não tentamos ir a lugar nenhum. A cada passo chegamos a algum lugar. Quando inspiramos, contamos o número de passos que damos. Se damos três passos, murmuramos silenciosamente: "Para dentro, para dentro, para dentro." Quando expiramos, fazemos o mesmo: "Para fora, para fora, para fora." Se damos três passos quando inspiramos e quatro passos quando expiramos, dizemos: "Para fora, para fora, para fora, para fora." Estamos atentos às necessidades de nossos pulmões, e respiramos e caminhamos de comum acordo. Ao subir uma colina, provavelmente daremos menos passos a cada respiração. Ao andar, dirigimos nossa atenção para nossos pés. Respiramos como se a nossa respiração partisse da planta de nossos pés. Não nos atemos à zona de nossos pensamentos e emoções.

Depois de praticar "para dentro, para dentro, para dentro", e "para fora, para fora, para fora", durante cinco ou dez vezes, talvez lhe agrade dizer "flor, flor, flor", ao inspirar, e "frescor, frescor, frescor", ao expirar. Você capta do ar e da Terra florescência e frescor. Você pode segurar a mão de uma criança enquanto caminha. A criança receberá a sua concentração e sua estabilidade; você receberá a inocência e o frescor da criança. Em Plum Village, propus aos jovens que, ao caminhar em suas meditações, repetissem um simples *gatha*. Eu queria que eles reagissem à vida, à sociedade e à Terra de uma forma positiva, e sugeri que dissessem *"Oui, oui, oui"*, ao inspirar, e *"Merci, merci, merci"*, ao expirar. As crianças adoraram.

Depois de ter praticado "Flor/Frescor", você pode passar para "Montanha/Solidez". Repita cada exercício quantas vezes quiser, aproveitando sua caminhada e não chegando a lugar nenhum, a não ser ao momento presente. Você pode fazer meditação caminhando nos intervalos de encontros de negócios, caminhando do seu carro até o supermercado, ou em qualquer outra ocasião. Reserve um certo tempo para andar. Em vez de três minutos, ande de oito a dez. Eu sempre reservo uma hora extra quando vou ao aeroporto, a fim de meditar caminhando lá. Meus amigos querem protelar minhas visitas até o último instante, mas eu sempre resisto. Digo-lhes que preciso daquele tempo.

Para fortalecer em nós as sementes da consciência, é recomendável que, algumas vezes, caminhemos em um parque ou em algum outro lugar que seja bonito, tranqüilo. Caminhemos devagar, mas não muito devagar, já que não queremos que as pessoas nos julguem excêntricos. Este é um tipo de prática invisível. Podemos apreciar a natureza e usufruir da nossa serenidade sem deixar as outras pessoas pouco à vontade. Quando vemos algo que queremos alcançar com a nossa consciência – o céu azul, as montanhas, uma árvore ou um pássaro – apenas paramos, mas, ao mesmo tempo, continuamos a inspirar e a expirar conscientemente. Se não o fizermos, mais cedo ou mais tarde o nosso pensamento se restabelecerá, e o pássaro e a árvore desaparecerão. Portanto, devemos sempre manter a nossa respiração. Em Plum Village, praticamos meditação sempre que caminhamos de um lugar para outro, mesmo que a distância seja pequena. Sempre que vejo alguém caminhando conscientemente, essa pessoa se transforma, para mim, num sino de consciência. Se perco minha concentração e a vejo, volto imediatamente à minha concentração. Numa comunidade, podemos nos ajudar muito uns aos outros.

Não há necessidade para nós de lutar para chegar a um lugar. Sabemos que o nosso destino final é o cemitério. Por que ter pressa de chegar lá? Por que não marchar em direção à vida, que está no momento presente? Quando fazemos meditação caminhando, mesmo que por poucos dias, sofremos uma profunda transformação, e aprendemos a apreciar a paz a cada momento da nossa vida. Sorriremos, e incontáveis bodhisattvas, através de todo o cosmos, sorrirão para nós, pelo fato de nossa paz ser tão profunda. Tudo o que pensamos, sentimos e fazemos tem efeito sobre nossos antepassados e sobre todas as gerações futuras, repercutindo por todo o universo. Portanto, o nosso sorriso ajuda a todos. É esse o ensinamento do *Sutra Avatamsaka*. Para cuidar bem do nosso bebê, só precisamos parar de lutar. A paz é cada passo. Já chegamos.

CAPÍTULO 5

A felicidade de uma pessoa

A prática da consciência plena é a prática do próprio amor. A fim de encorajá-la naqueles que estão prestes a viver com outra pessoa, pedi a meus alunos que me ajudassem a fundar um Instituto para a Felicidade de uma Pessoa. Teremos um programa de um ano com apenas um curso intitulado "Olhando Profundamente". Durante um ano, cada aluno olhará profundamente para dentro de si mesmo, a fim de descobrir todas as flores e adubos que existem dentro de si, não só os seus próprios, mas também os herdados de seus antepassados e da sociedade. No final do curso, cada estudante receberá um certificado que atesta que ele ou ela está qualificado para o casamento. Acho importante que todos os jovens casais olhem para dentro de si, antes de embarcar na jornada de descobrimento mútuo que ocorre no casamento. Se eles não chegam a se conhecer bem e não se preocupam em desfazer seus nós interiores, o primeiro ano de casamento será difícil.

Quando iniciamos uma relação, sentimos entusiasmo, excitação e desejo de conhecer bem o outro. Mas realmente ainda não compreendemos muito bem nem a nós mesmos nem ao outro. Vivendo juntos durante vinte e quatro horas por dia, vemos, ouvimos e sentimos muitas coisas que antes não havíamos visto ou

imaginado. Quando nos apaixonamos, erigimos uma bela imagem que projetamos no nosso companheiro, e então ficamos um pouco chocados quando nossas ilusões caem por terra e descobrimos a realidade. A menos que saibamos como praticar juntos os exercícios de consciência plena, olhando profundamente para dentro de nós mesmos e de nosso companheiro, podemos achar difícil manter o nosso amor durante esse período.

Na psicologia budista, a palavra *samyojana* se refere a embaraços, grilhões ou nós interiores. Quando alguém nos dirige uma palavra má, por exemplo, se não entendemos por que ele disse isso e ficamos irritados, um nó será dado. A falta de compreensão constitui a base de cada nó interior. Se praticamos a consciência plena, podemos aprender o segredo de reconhecer um nó no momento em que ele se forma em nós e descobrir modos de desfazê-lo. Esses nós ou formações interiores requerem a nossa completa atenção assim que se instauram enquanto ainda estão frouxos os nós, de maneira que o trabalho de desfazê-los será fácil. Se não desfizermos nossos nós quando eles se formam, tornar-se-ão mais apertados e mais fortes. É difícil para a nossa mente aceitar que possui sentimentos negativos, como raiva, medo e remorso. Assim sendo, ela encontra meios de enterrar esses sentimentos em áreas remotas da nossa consciência. Criamos sofisticados mecanismos de defesa a fim de negar a sua existência, mas esses sentimentos problemáticos estão sempre tentando emergir.

A primeira providência ao lidar com essas formações internas inconscientes é tentar trazê-las à consciência. Meditamos, praticando a respiração consciente, a fim de ter acesso a elas. Elas podem se revelar como imagens, pensamentos, sentimentos, palavras ou ações. Podemos perceber um sentimento de ansiedade e perguntar: "Por que eu me senti tão mal quando ela disse aquilo?" ou "Por que eu insisto em fazer isso?" ou "Por que detestei tanto aquele personagem do filme?" Observando a nós mesmos com atenção, podemos trazer à tona uma formação interior. E quando acendemos sobre ela a luz da nossa percepção, ela começa a revelar a sua face. Podemos sentir alguma relutância em continuar a olhá-la, mas se tivermos desenvolvido a capacidade de meditar calados e observar nossos sentimentos, a origem do nó pouco a pouco se revelará e nos dará uma idéia de como desatá-lo. Agindo assim, chegamos a conhecer nossas formações interiores e fazemos as pazes com nós mesmos.

Quando vivemos com outra pessoa, é importante agir dessa maneira. Para proteger a felicidade mútua, precisamos aprender a transformar as formações interiores que criamos juntos assim que elas nascem. Uma mulher me contou que, três dias depois de seu casamento, seu marido criou vários desses nós, com os quais ela teve de conviver durante trinta anos. Ela tinha medo de que, se lhe falasse, haveria uma briga. Como podemos ser felizes dessa forma, sem uma verdadeira comunicação? Quando não somos plenamente conscientes na vida diária, plantamos sementes de sofrimento na própria pessoa amada.

Mas quando ambas as partes ainda estão leves e não estão cheias de muitos nós, o método não é difícil. Olhamos juntos para a incompreensão que criou o nó, e então o desatamos. Por exemplo, se ouvimos o marido relatar a seus amigos, com exagero, algo que fez, podemos sentir um nó formando-se dentro de nós sob a forma de um certo desrespeito por ele. Mas se, logo a seguir, conversamos sobre o assunto, ambos poderemos chegar a um claro entendimento, e o nó será facilmente desfeito. Se praticarmos a arte de viver juntos conscientemente, poderemos agir assim. Vemos que a outra pessoa, tal como nós, possui dentro de si flores e adubo, e aceitamos essa realidade. Nosso método consiste em regar as flores que existem nela, e não em agregar-lhe mais lixo. Evitamos culpar o outro e evitamos discutir. Quando tentamos cultivar flores, se elas não crescem bem, não as culpamos nem discutimos com elas. Culpamos a nós mesmos por não termos cuidado bem delas. Nosso companheiro é uma flor. Se cuidamos bem dela, ela crescerá linda. Se descuidarmos dela, ela murchará. Para ajudar uma flor a desabrochar, precisamos conhecer a sua natureza. Quanto de água ela precisa? Quanto de sol? Olhamos profundamente para dentro de nós para conhecer a nossa verdadeira natureza, e olhamos a outra pessoa para conhecer a sua natureza.

"Identidade" é um termo técnico que significa natureza verdadeira. Tudo tem a sua identidade; é assim que reconhecemos as coisas. Uma laranja tem a sua identidade; é por essa razão que não a confundimos com um limão. Na minha comunidade, cozinhamos com gás propano, e conhecemos sua verdadeira natureza. Sabemos que ele pode ser muito perigoso. Se ele vazar enquanto dormimos, e alguém acender um fósforo, pode nos matar. Mas sabemos também que o gás propano pode nos ajudar a fazer uma deliciosa refeição, e é por isso que o convidamos à nossa casa a fim de viver pacificamente conosco.

Eu gostaria de lhes contar uma história a respeito de identidade.

Havia no hospital psiquiátrico de Bien Hoa um paciente que parecia normal. Comia e falava como qualquer outra pessoa. Porém, ele acreditava que era um grão de milho, e toda vez que via uma galinha corria para salvar a própria vida. Ele não conhecia sua verdadeira natureza. Quando a enfermeira relatou isso ao médico, este lhe disse: "O senhor não é um grão de milho; o senhor é um ser humano. O senhor tem cabelo, olhos, nariz e braços." Passou-lhe esse tipo de sermão, e finalmente perguntou: "O senhor poderia, agora, me dizer quem é?"

O homem respondeu: "Doutor, eu sou um ser humano. Não sou um grão de milho." O médico ficou satisfeito. Sentiu que havia ajudado bastante seu paciente. Mas, para certificar-se, pediu ao homem que repetisse a frase: "Sou um ser humano, não um grão de milho" – quatrocentas vezes por dia, e que a escrevesse mais trezentas vezes por dia num pedaço de papel. O homem dedicou-se a fazer isso e até deixou de sair. Ficava em seu quarto repetindo e escrevendo exatamente o que o médico havia mandado.

Um mês depois, o médico foi vê-lo e a enfermeira relatou: "Ele vai indo bem. Não sai do quarto e faz os exercícios que o senhor mandou com muita perseverança."

O médico perguntou: "Senhor, como vão as coisas?"

"Muito bem, obrigado, doutor."

"O senhor pode me dizer o que o senhor é?"

"Oh, sim, doutor. Sou um ser humano, não um grão de milho."

O doutor ficou encantado. E disse: "Nós vamos lhe dar alta dentro de poucos dias. Por favor, acompanhe-me ao meu consultório." Mas, quando o médico, o paciente e a enfermeira se dirigiam ao consultório, passou por eles uma galinha e o homem fugiu tão depressa que o doutor não pôde alcançá-lo. Só mais de uma hora depois a enfermeira conseguiu levá-lo ao consultório.

O médico não sabia o que fazer: "O senhor disse que era um ser humano, e não um grão de milho. Então, por que fugiu quando viu a galinha?"

O homem respondeu: "Claro que eu sei que sou um ser humano e não um grão de milho. Mas como posso ter certeza de que a galinha sabe?"

Embora tenha trabalhado com afinco, ele não estava apto a ver a sua verdadeira natureza, a sua identidade, e também não entendia a verdadeira natureza da galinha. Cada um de nós possui a sua própria identidade. Se quisermos viver felizes e em paz com outra pessoa, teremos de entender a nossa natureza e a dela. Uma vez que o tenhamos feito, não teremos problemas para viver juntos, em paz e felizes.

Meditar é olhar fundo para a natureza das coisas, incluindo a nossa própria natureza e a natureza da pessoa que está diante de nós. Quando compreendemos a verdadeira natureza dessa pessoa, descobrimos suas dificuldades, aspirações, sofrimentos e ansiedades. Podemos sentar, segurar as mãos do nosso companheiro, olhar bem dentro de seus olhos, e dizer: "Meu bem, será que eu entendo você o suficiente? Eu rego as suas sementes de sofrimento? Eu rego as suas sementes de alegria? Por favor, diga-me como posso amar você melhor?" Se você disser isso do fundo do coração, talvez ele comece a chorar, e isso é um bom sinal. Significa que a porta de comunicação pode estar se abrindo novamente.

O discurso amoroso constitui uma parte importante da prática. Toda vez que a outra pessoa faz alguma coisa bem, devemos dar-lhe os parabéns para mostrar a nossa aprovação. Isso é sobretudo verdadeiro com relação às crianças. Temos que fortalecer a auto-estima de nossas crianças. Devemos valorizar e dar os parabéns por tudo o que dizem e fazem de bom, para ajudá-las a crescer. Não demos as coisas por certas. Se a outra pessoa manifesta algum talento ou capacidade de amar e de gerar felicidade, precisamos estar cientes disso e expressar a nossa apreciação. Essa é a forma de regar as sementes de felicidade. Devemos evitar dizer coisas negativas como: "Duvido que você possa fazer isso." Pelo contrário, devemos dizer: "Isso é difícil, meu bem, mas acredito que você pode fazê-lo." Esse tipo de discurso torna a outra pessoa mais forte.

Quando surge algum problema, se tivermos calma suficiente, podemos discuti-lo inteiramente de uma forma amorosa e não-violenta. Mas se não estivermos calmos o bastante, devemos evitar falar, o que quer que seja. Devemos apenas respirar. Se tivermos necessidade, podemos utilizar a prática de caminhar meditando ao ar livre, olhando as árvores, as nuvens, o rio. Uma vez calmos e capazes de usar a linguagem do amor e da bondade, podemos trocar idéias. Se, durante a conversa, o sentimento de irritação tornar a aparecer, devemos parar e apenas respirar. Isso é estar consciente.

Todos nós precisamos mudar e crescer. Quando casamos, podemos fazer a promessa de mudar e de crescer juntos, partilhando os frutos da nossa prática. Quando somos felizes como um casal, quando reinam a harmonia e a compreensão, é fácil estender a nossa felicidade e a nossa alegria a muitas pessoas. Também para os que estão casados há dez ou vinte anos, essa prática é relevante. Vocês também podem se matricular no nosso Instituto e continuar a desenvolver a prática de viver conscientemente, aprendendo um com o outro. Vocês podem pensar que já sabem tudo a respeito de seus cônjuges, mas isso não é verdade. Os físicos estudam um elétron durante anos e mesmo assim não afirmam que sabem tudo sobre ele. Como você pode pensar que sabe tudo sobre um ser humano? Quando você guia o seu carro, quando presta atenção apenas em seus pensamentos, você ignora a companheira. Se continuar a tratá-la assim, ela morrerá lentamente. Ela precisa da sua atenção, do seu trato e do seu carinho.

Quando as coisas ficam muito difíceis, temos a tendência de pensar em divórcio. Eu, pelo contrário, espero que vocês façam um esforço para preservar seus casamentos, para voltar a seus cônjuges com mais compreensão e harmonia. Muitas pessoas se divorciaram três ou quatro vezes, e continuam a incorrer no mesmo tipo de erro. Se acharem um tempo para abrir a porta da comunicação, a porta do coração, partilhando seus sonhos e seus sofrimentos com uma outra pessoa, vocês o farão não apenas por si mesmos, mas pelos seus filhos e por todos nós.

Em Plum Village, toda semana celebramos a cerimônia chamada Começar de Novo. No Instituto para a Felicidade de uma Pessoa faremos o mesmo. Durante a cerimônia, todos os membros da comunidade sentam-se em um círculo que tem no centro um vaso de flores viçosas. Todos nós respiramos juntos, enquanto esperamos o mestre de cerimônias começar. A cerimônia tem três estágios: a rega das flores, a confissão dos remorsos e a exposição das mágoas e das dificuldades. Essa prática ajuda a evitar que os sentimentos de mágoa se acumulem durante semanas e ajuda a todos a manter a situação sob controle, tanto na família como na comunidade.

Começamos regando as flores. Quando uma pessoa está pronta para falar, ela junta as mãos, e os outros imitam o gesto para mostrar que ela tem o direito de falar. Então, a pessoa se ergue, caminha lentamente em direção às flores, toma o vaso em suas mãos e volta ao seu lugar. Quando fala, suas palavras refletem o viço e a beleza das flores, que está em suas mãos. Durante a cerimônia de rega das flores, cada pessoa que fala reconhece as maravilhosas e benfazejas qualidades dos outros. Não se trata de lisonja. Nós falamos sempre a verdade. Todas as pessoas apresentam aspectos positivos que podem ser reconhecidos com a percepção. Ninguém pode interromper a pessoa que está segurando as flores. É-lhe concedido todo o tempo que necessite para falar, e todo os outros se dedicam à prática de ouvir com a máxima atenção. Quando essa pessoa termina de falar, ergue-se e lentamente volta a colocar o vaso no centro do círculo.

Na segunda parte da cerimônia, confessamos nossos remorsos pelo que fizemos para ferir os outros. Para ferir alguém, basta uma frase impensada. A cerimônia de Começar de Novo é uma oportunidade de lembrar algum ato do qual nos arrependemos durante a semana e desfazê-lo. Na terceira parte da cerimônia, expomos as formas pelas quais os outros nos feriram. Um discurso amoroso é da máxima importância. Queremos curar a comunidade, não machucá-la. Falamos com franqueza, mas não queremos ser destrutivos. Meditar ouvindo constitui uma parte importante da prática. Quando nos sentamos em um círculo de amigos, em que estamos todos nos dedicando à prática de ouvir com a máxima atenção, nosso discurso se torna mais belo e mais construtivo. Jamais culpamos ou discutimos.

Uma escuta compassiva é muito importante. Ouvimos com o intuito de aliviar a dor de uma outra pessoa, e não com o intuito de julgá-la ou de discutir com ela. Ouvimos com toda a nossa atenção. Mesmo que ouçamos algo que não seja verdade, continuamos a ouvir atentamente, a fim de que essa pessoa possa expressar sua dor e liberar as tensões que tem dentro de si. Se argumentamos com ela ou a corrigimos, a prática não dará frutos. Apenas ouvimos. Se temos necessidade de dizer à outra pessoa que seu ponto de vista não está correto, podemos fazê-lo alguns dias mais tarde, em particular e com calma. Então, na próxima sessão de Começar de Novo, a própria pessoa poderá retificar o erro e nós não teremos que dizer uma palavra.

Encerramos a cerimônia com uma canção ou dando as mãos a todas as pessoas integrantes do círculo e respirando profundamente por um minuto. Às vezes, terminamos com a meditação do abraço. Mais tarde, sempre nos sentimos leves e aliviados, mesmo que tenhamos dado apenas os primeiros passos em direção à cura. Confiamos agora em que, tendo começado, podemos prosseguir. A prática de Começar de Novo data dos tempos de Buda. Suas comunidades de monges e monjas a praticavam à véspera de cada lua cheia e de cada lua nova.

A meditação do abraço, por outro lado, é algo que inventei. A primeira vez que abracei de verdade foi em Atlanta, em 1966. Uma poetisa levou-me até o aeroporto e então perguntou: "Pode-se abraçar um monge budista?" Em meu país, não temos o hábito de dar essas demonstrações em público, mas pensei: "Sou um mestre zen. Não deve ser problema para mim fazer isso." Então respondi: "Por que não?" Ela abraçou-me, mas não foi fácil. No avião, decidi que, se eu queria trabalhar com amigos do Ocidente, teria que conhecer a cultura do Ocidente. Foi por isso que inventei a meditação do abraço.

A meditação do abraço é uma combinação do Ocidente e do Oriente. De acordo com essa prática, você tem que realmente abraçar a pessoa que você está abraçando. Você tem que senti-la muito real em seus braços. Você não o faz apenas por uma questão de aparência, dando-lhe duas ou três batidinhas nas costas para fingir que você está ali. Você está realmente ali, de forma que não precisa fazer isso. Ao abraçar, respire conscientemente e abrace com toda a sua alma, com todo o seu corpo e com todo o seu coração. "Inspirando, sei que o meu querido amigo está em meus braços, vivo. Expirando, ele é muito precioso para mim." Enquanto você o abraça e inspira e expira três vezes, a pessoa em seus braços se tornará real, e você se tornará também muito real. Quando você ama uma pessoa, você quer que ela seja feliz. Se ela não é feliz, não há forma de você ser feliz. A felicidade não é uma questão individual. O verdadeiro amor requer uma profunda compreensão. Na verdade, amor é um outro nome para compreensão. Se você não compreende, não pode amar adequadamente. Sem compreensão, seu amor só trará sofrimento à outra pessoa.

No Sudeste da Ásia, muita gente aprecia muitíssimo uma fruta grande cheia de espinhos, chamada durião. Você pode até dizer que elas são viciadas nessa fruta. Seu cheiro é extremamente forte, e algumas pessoas, quando acabam de comê-la, colocam sua casca sob a cama para continuar a sentir o seu perfume. Para mim, o cheiro do durião é horroroso!

Um dia, quando eu estava sozinho ensaiando um cântico em meu templo, no Vietnã, ocorreu que havia no altar um durião que tinha sido oferecido ao Buda. Eu estava tentando recitar o *Sutra do Lótus*, usando um tambor de madeira e um grande sino em forma de cuia como acompanhamento, mas não podia absolutamente me concentrar. Finalmente, decidi virar o sino de boca para baixo e tampar o durião, e assim consegui cantar o sutra. Depois de terminar, curvei-me diante do Buda e liberei o durião. Se você me dissesse: "Eu amo tanto você que gostaria que você comesse um pouco deste durião", para mim seria um sofrimento. Você me quer bem, você quer que eu seja feliz, mas me força comer durião. Este é um exemplo de amor destituído de compreensão. Sua intenção é boa, mas sua compreensão é incorreta.

Para amar adequadamente, você precisa compreender. Compreensão significa olhar a profundeza das trevas, da dor e do sofrimento de outra pessoa. Se você não vê isso, quanto mais você fizer por ela, mais ela sofrerá. Proporcionar felicidade é uma arte. Se durante sua infância você viu seu pai ou sua mãe proporcionar felicidade à sua família, você aprendeu com isso. Mas, se seus pais não sabiam como proporcionar felicidade à família, você pode não saber fazê-lo. Assim, no nosso Instituto, temos de ensinar a arte de fazer as pessoas felizes. Conviver é uma arte. Mesmo com boa vontade, você pode fazer seu companheiro muito infeliz. A arte é a essência da vida. Temos que ter arte no nosso discurso e na nossa ação. A substância da arte é a conscientização.

Quando você se apaixona pela primeira vez e se sente ligado à outra pessoa, esse não é ainda o verdadeiro amor. Verdadeiro amor é sinônimo de bondade e compaixão amorosa, o tipo de amor que não conhece condições. Você constrói uma comunidade de duas pessoas para praticar o amor – cuidando um do outro, ajudando o companheiro a desabrochar e fazendo da felicidade algo concreto nessa pequena comunidade. Através desse amor mútuo, aprendendo a arte de fazer uma pessoa feliz, você aprende a expressar o seu amor por toda a humanidade e por todos os seres. Por favor, ajude-nos a desenvolver o currículo do Instituto para a Felicidade de uma Pessoa. Não espere até inaugurarmos a escola. Você pode começar a praticar a partir deste momento.

CAPÍTULO 6

Tratado de paz

*P*ara Que Possamos Viver Muito Tempo Juntos e Felizes, Para Que Possamos Aperfeiçoar e Aprofundar Continuamente o Nosso Amor e a Nossa Compreensão, Nós, Abaixo-assinados, Prometemos Observar e Praticar o Seguinte:

Eu, que estou zangado, concordo em:

1. *Abster-me de dizer ou de fazer algo que possa causar maiores danos ou contribuir para aumentar a raiva.*

2. *Não reprimir a minha raiva.*

3. *Praticar a respiração e procurar refúgio na ilha que existe dentro de mim.*

4. *Com toda a calma, dentro de vinte e quatro horas, falar a respeito da minha raiva e do meu sofrimento com quem os provocou, verbalmente ou entregando um Bilhete de Paz.*

5. Solicitar um encontro mais no final da semana (por exemplo, sexta-feira à noite) a fim de discutir a questão mais profundamente, verbalmente ou por meio de um Bilhete de Paz.

6. Não diga: "Não estou zangado. Está tudo o.k. Não estou sofrendo. Não há motivo para eu estar zangado, pelo menos não há motivo suficiente para me deixar zangado."

7. Praticar a respiração e analisar profundamente minha vida diária – quando estiver sentado, deitado, de pé e andando – a fim de reconhecer:

   a. as maneiras pelas quais fui, às vezes, pouco habilidoso.
   b. como, devido à minha energia habitual, feri a outra pessoa.
   c. como a semente da ira, muito forte em mim, é a causa primordial da minha raiva.
   d. como o sofrimento da outra pessoa, que rega a semente da minha ira, representa a causa secundária.
   e. como a outra pessoa está apenas procurando aliviar o seu próprio sofrimento.
   f. que, enquanto a outra pessoa estiver sofrendo, não posso realmente ser feliz.

8. Desculpar-me imediatamente, sem esperar até sexta-feira à noite, assim que me der conta da minha falta de tato e de compreensão.

9. Adiar o encontro de sexta-feira se eu não me sentir suficientemente calmo para me encontrar com a outra pessoa.

Eu, que deixei o outro zangado, concordo em:

1. *Respeitar os sentimentos da outra pessoa, não ridicularizá-la e lhe conceder o tempo que for necessário para se acalmar.*

2. *Não forçar uma discussão imediata.*

3. *Aceitar o pedido de um encontro, verbalmente ou por escrito, e assegurar à outra pessoa que estarei lá.*

4. *Praticar a respiração, procurando refúgio na ilha que existe dentro de mim, para ver que:*
   a. possuo sementes de maldade e de ira assim como a energia habitual de tornar a outra pessoa infeliz.
   b. pensei erroneamente que, fazendo o outro sofrer, aliviaria minha própria dor.
   c. fazendo o outro sofrer, provoco o meu sofrimento.

5. *Desculpar-me assim que me der conta de minha falta de tato e de compreensão, sem fazer qualquer tentativa para justificar-me e sem esperar pelo encontro de sexta-feira.*

Nós, Tendo o Senhor Buda por Testemunha e a Presença Vigilante do Sangha, Juramos Respeitar Esses Artigos, Cumprindo-os de Todo o Coração. Invocamos as Três Gemas para Nossa Proteção e para Nos Conceder Confiança e Lucidez.

Firmado, _____
no _____ *Dia de* _____
no Ano de _____ *em* _____

Quando nos enraivecemos, não nos parecemos em nada com uma bela flor. Parecemos mais uma bomba prestes a explodir. Centenas de músculos de nossa face tornam-se tensos. Pelo fato de suscitarmos tanto sofrimento quando nos zangamos ou nos aborrecemos, nós, em Plum Village, recentemente esboçamos um "Tratado de Paz", que os indivíduos e os casais podem assinar perante o sangha para reforçar a probabilidade de lidarmos bem com nossa raiva. Não se trata apenas de um pedaço de papel; é uma prática que nos ajudará a viver felizes e mais tempo juntos. O tratado é composto de duas partes – uma para a pessoa que está enraivecida e outra para a pessoa que provocou a raiva. Quando ficamos zangados ou quando alguém se zanga conosco, se obedecermos aos termos do Tratado de Paz, saberemos exatamente o que fazer ou não.

De acordo com o primeiro artigo, concordamos que, quando zangados, nos absteremos de fazer ou de dizer qualquer coisa que possa suscitar mais dano ou contribuir para aumentar a raiva. Quando sabemos que estamos enraivecidos, impomos a nós mesmos uma espécie de moratória nas palavras e nas ações.

No segundo artigo, concordamos em não reprimir nossa raiva. No momento apropriado, diremos algo, mas não imediatamente. O período mínimo de espera corresponde a três respirações conscientes. Se não esperarmos pelo menos esse tempo, é melhor não exprimir nossos sentimentos com respeito à nossa raiva.

No terceiro artigo, concordamos em praticar a respiração com nossa raiva e a procurar refúgio na ilha que existe dentro de nós. Sabemos que a raiva está presente. Não a reprimimos nem a negamos. Nós cuidamos dela por meio da respiração consciente, envolvendo-a nos braços amorosos da plena consciência. Sentamos em silêncio ou caminhamos, talvez em meio à natureza. Se precisarmos de meia hora, dispenderemos meia hora. Se precisarmos de três horas, praticaremos a respiração durante três horas.

O Buda disse a seus discípulos: "Meus amigos, não contem com nada fora de vocês mesmos. Sejam uma ilha para si mesmos e busquem refúgio na ilha de seu ser." Em momentos difíceis, quando não sabemos o que fazer, este é um maravilhoso exercício a ser praticado. Se eu estivesse em um avião prestes a cair seria isso o que eu faria. Se executarmos bem a nossa prática, nossa ilha terá árvores, pássaros, um lindo riacho e uma terra muito sólida. A essência de um buda está na consciência. A respiração consciente equivale ao dharma vivo, melhor que qualquer livro. O sangha está presente em cinco elementos que compreendem o nosso "eu": na forma, no sentimento, na percepção, nas formações mentais e na consciência. Quando estes elementos estão em harmonia, gozamos de paz e de alegria. Quando praticamos a respiração consciente e criamos em nós mesmos a consciência plena, o buda está presente. Se voltarmos e descobrirmos o buda dentro de nós, estaremos salvos.

De acordo com o quarto artigo do tratado, temos até vinte e quatro horas para nos acalmar. Então devemos dizer à outra pessoa que estamos zangados. Não temos o direito de guardar a nossa raiva além deste tempo. Se o fizermos, ela se torna peçonhenta e pode nos destruir e destruir a pessoa que amamos. Se estivermos habituados à prática, estaremos prontos a falar com ela em cinco ou dez minutos, mas o período máximo é de vinte e quatro horas. Podemos dizer: "Querido amigo, o que você me disse esta manhã me deixou furioso. Sofri muito e quero que você saiba disso."

De acordo com o quinto artigo, terminamos com esta frase: "Espero que na sexta-feira à noite tenhamos ambos a chance de examinar cuidadosamente essa questão." Então, marcamos um encontro. Sexta-feira à noite é um bom momento para desativar todas as bombas, grandes ou pequenas, de forma que teremos todo o fim de semana para aproveitar. Se sentirmos que ainda não estamos seguros para falar, que não nos sentimos capazes de fazê-lo de uma maneira calma, e o prazo final de vinte e quatro horas se aproxima, podemos usar este "Bilhete de Paz":

Data:
Hora:
Querido: _____ ,

Esta manhã (tarde), você disse (fez) algo que me deixou furioso. Sofri muito. Quero que você saiba disso. Você disse (fez):

Por favor, vamos ambos ver o que você disse (fez) e analisar o assunto juntos, com franqueza e tranqüilidade, esta sexta-feira à noite.

Subscrevo-me,

Não muito feliz no momento,

Se optarmos por este bilhete, temos que ter certeza de que a outra pessoa o receberá antes do prazo final. Não podemos nos contentar com: "Eu pus o bilhete sobre a sua mesa e você nem o abriu, então a culpa é sua." Isso visa nosso próprio bem, pois, a partir do momento em que sabemos que a outra pessoa recebeu o bilhete, já nos sentimos mais aliviados. É melhor dizer-lhe diretamente, em tom calmo; mas se achamos que não teremos a capacidade de fazê-lo calmamente, podemos preencher um bilhete de paz e entregar-lhe pessoalmente. Mas temos de ter certeza de que a pessoa o receberá antes do prazo final.

O sexto artigo prescreve que não devemos fingir que não estamos zangados. Podemos ser muito orgulhosos e não querer admitir nosso sofrimento. Porém, não devemos dizer: "Não estou zangado. Não há motivo para estar zangado." Devemos evitar esconder a verdade. Se estamos zangados, isso é um fato. É uma parte importante do Tratado de Paz. O orgulho não deve ser um obstáculo capaz de destruir nosso relacionamento. Estamos ligados um ao outro, apoiamos um ao outro, somos como irmãos um para o outro. Por que sermos tão orgulhosos? Minha dor deve ser sua dor. Meu sofrimento, o seu sofrimento.

De acordo com o sétimo artigo, enquanto estivermos praticando sentados, caminhando, respirando, olhando profundamente e vivendo nossa vida diária conscientemente, devemos centralizar nossa atenção nos seguintes pontos: (1) Reconhecer os pontos em que não fomos conscientes ou habilidosos no passado. (2) Ver como ferimos a outra pessoa no passado e reconhecer para nós mesmos: "Tenho a energia habitual de me enraivecer e de ferir os outros com muita facilidade." (3) Reconhecer que a principal causa de nossa raiva é a forte semente de raiva depositada em nossa consciência armazenadora que tem o hábito de se manifestar por si mesma. A principal causa de nosso sofrimento não é a outra pessoa. Temos amigos que não se enraivecem tão facilmente. A semente de raiva também existe neles, mas, aparentemente, não é tão forte como a nossa. (4) Ver que a outra pessoa também está sofrendo, e, devido a isso, comportou-se com pouco tato, regando as sementes de raiva existentes em nós. Reconhecemos não ter sido ela a causa principal de nosso sofrimento. Pode ter sido a causa secundária, ou talvez seja erroneamente considerada por nós como a causa secundária – talvez ela não tenha tido a mínima intenção de nos ferir. (5) Algumas pessoas, quando se zangam, acreditam ingenuamente que, se disserem algo grosseiro à outra pessoa e a fizerem sofrer, sentirão algum alívio. Esta não é uma atitude sábia, mas muita gente a adota. Então você tem que ver se a outra pessoa não está apenas buscando algum alívio para o seu próprio sofrimento. (6) Reconhecer que, enquanto a outra pessoa continua a sofrer, não podemos ser verdadeiramente felizes. Quando alguém numa comunidade é infeliz, toda a comunidade é infeliz. Para pararmos de sofrer, temos que ajudar a outra pessoa a parar de sofrer. Todos temos que descobrir maneiras habilidosas de ajudar essa pessoa. Somente quando ela supera seu sofrimento, a felicidade na comunidade será autêntica.

O oitavo artigo nos diz que, se durante o nosso exame de consciência nos dermos conta de nossa falta de tato e de compreensão, devemos nos desculpar imediatamente. Não devemos permitir que a outra pessoa se sinta culpada por mais tempo. Não há necessidade de esperar até sexta-feira à noite. Se descobrirmos que ficamos zangados por termos a energia habitual de reagir muito depressa, ou devido a um mal-entendido, temos que procurar a outra pessoa e dizer: "Sinto muito, eu não entendi bem. Fiquei zangado muito depressa e sem qualquer motivo. Por favor, me desculpe." A pessoa se sentirá aliviada. É melhor pôr um ponto final no ciclo de sofrimento o mais breve possível.

O nono artigo prescreve que se, ao chegar sexta-feira, não estivermos suficientemente calmos para discutir o assunto, devemos adiar o encontro por mais alguns dias ou mais uma semana. Se não nos sentimos calmos, é porque não chegou o momento de tocar no assunto. Precisamos nos exercitar por mais alguns dias.

Na segunda parte do Tratado de Paz, encontramos cinco artigos concernentes à pessoa que motivou a raiva da outra pessoa. De acordo com o primeiro artigo, quando vemos que a outra pessoa está zangada, devemos respeitar seus sentimentos. Não devemos dizer: "Eu não fiz nada e você está zangado." Um sentimento obedece a um ciclo de vida – tem o momento de nascer, algum tempo para viver, e depois irá morrendo lentamente. Mesmo que vejamos que a raiva não tem nenhum fundamento, que a pessoa está completamente errada, não a pressionamos para que pare com a raiva imediatamente. Ou a ajudamos, ou a deixamos sozinha para que a sua raiva possa ir morrendo naturalmente.

De acordo com o segundo artigo, após ela ter nos dito que está sofrendo, não devemos forçar uma discussão imediata. Se o fizermos, tudo pode ir por água abaixo. Nós nos atemos ao tratado e aceitamos o encontro na sexta-feira à noite. Nesse ínterim, teremos a oportunidade de fazer um exame profundo da situação. "O que foi que eu disse? O que foi que eu fiz para deixá-la zangada?" Enquanto estiver sentado, caminhando, e respirando, procure fazer esse exame de consciência. Essa é a verdadeira meditação.

De acordo com o terceiro artigo, após termos recebido um bilhete de paz, devemos responder imediatamente, dizendo que estaremos lá na sexta-feira à noite. Isso é importante, porque se a pessoa souber que recebemos a mensagem, irá se sentir mais aliviada.

O quarto artigo prescreve que pratiquemos a respiração, refugiando-nos na ilha que existe dentro de nós, a fim de ver três coisas: (1) Que possuímos as sementes – a energia do hábito – da maldade e da ira. Que já fizemos a outra pessoa infeliz antes. Que o reconhecemos mesmo se agora não nos sentimos culpados por seu sofrimento. Que não devemos ter tanta certeza de não sermos culpados desta vez. (2) Que podemos estar sofrendo, e achamos que dizendo algo grosseiro à outra pessoa, ficaremos aliviados. Esta é a forma errada de alívio, e temos que reconhecer que procurar esse tipo de alívio é burrice. Que não devemos esperar sofrer menos pelo fato de fazer a outra pessoa sofrer. (3) Que, fazendo um exame de consciência, veremos que o sofrimento da outra pessoa é o nosso sofrimento. Que se fizermos algo para ajudá-la a parar de sofrer, nós também seremos beneficiados.

O quinto artigo prescreve que se pudermos nos desculpar logo, não devemos esperar. Podemos pegar o telefone e nos comunicar imediatamente, sem tentar justificar ou explicar nada do que dissemos ou fizemos. Uma desculpa direta pode ter um efeito poderoso. Dizemos apenas: "Sinto muito. Não tive tato nem compreensão." Talvez não seja preciso esperar até sexta-feira.

O Tratado de Paz é uma prática de conscientização. Por favor, examine-o em profundidade e se prepare diligentemente para o momento de assiná-lo. A melhor forma de fazê-lo é na sala de meditação, com o testemunho e o apoio do sangha. Ao final de um Dia de Conscientização, perante a comunidade, você se compromete a obedecer os artigos do tratado e a seguir suas regras de todo o coração. Então assina. A menos que você esteja convicto de que vai respeitá-lo, é melhor não assiná-lo. Se você assinar e seguir as regras do Tratado de Paz, você e seu parceiro se beneficiarão, e também todos nós nos beneficiaremos com sua habilidade de lidar com a raiva.

Espero que vocês apóiem a prática do Tratado de Paz, escrevendo artigos e promovendo retiros e palestras sobre a natureza do tratado e sobre como concretizar sua prática. Dessa forma, mesmo as pessoas que não têm nenhuma experiência em meditação podem aprender e beneficiar-se com ela. Acredito que um Tratado de Paz desse tipo pode vir a tornar-se no futuro uma parte importante de nossa prática. Vocês podem querer adicionar-lhe mais artigos, a fim de torná-lo mais adequado às suas condições. Que tenham a harmonia e a felicidade!

CAPÍTULO 7

O amor em ação

No *Sutra Maharatnakuta* está escrito que quando um único bodhisattva se zanga com outro bodhisattva, erguem-se incontáveis obstáculos em todos os pontos do universo. É possível que um bodhisattva fique zangado? Claro que sim. Um bodhisattva não tem que ser perfeito. Qualquer pessoa que esteja consciente do que está acontecendo e tente alertar outra pessoa é um bodhisattva. Fazendo o melhor que podemos, todos nós somos bodhisattvas. Durante a jornada, podemos nos sentir zangados ou frustrados de vez em quando. É por isso que temos que agir segundo o Tratado de Paz. Quando um bodhisattva se zanga com outro bodhisattva, erguem-se incontáveis obstáculos em todos os pontos do universo. Isso é compreensível. Sabemos que, quando reina a paz e a alegria dentro de nós, nossa paz e nossa alegria vibram através do cosmos. Assim, quando guardamos ódio ou raiva dentro de nós, elas também repercutem para todos os lados.

Quando o presidente Bush deu ordem de atacar o Iraque, muitos de nós sofreram naquele instante. Eu estava em Plum Village fazendo uma palestra sobre o *Sutra Avatamsaka* e, no meio de uma frase, eu disse subitamente: "Acho que não irei à América esta primavera. Agora, neste momento, eu realmente

não quero ir lá." Todos fizemos uma longa pausa para respirar, e depois retornamos à palestra. Nessa tarde, durante a meditação do chá, alguns estudantes norte-americanos me disseram que, pelo fato de eu me sentir daquela maneira é que eu deveria ir aos Estados Unidos. Eles me fizeram lembrar que amigos nos Estados Unidos haviam se esforçado muito para organizar retiros naquele país, e me ajudaram a compreender que muitos americanos também sofreram quando o presidente Bush deu a ordem de atacar. De forma que decidi ir, para dar-lhes o meu apoio e partilhar de sua dor.

Entendi que o presidente Bush é um bodhisattva tentando, à sua maneira, servir ao seu povo. Logo no início do conflito, ele decretou um embargo, mas por não o termos encorajado o suficiente, impacientou-se e, subitamente, a guerra tornou-se inevitável. Quando ele ordenou o ataque por terra e disse: "Deus abençoe os Estados Unidos da América", eu sabia que esse bodhisattva precisava da nossa ajuda. Qualquer líder precisa da nossa ajuda e da nossa compreensão. Precisamos usar de uma linguagem inteligente e carinhosa para que ele nos ouça. Quando nos zangamos, não temos essa capacidade. Ouvi, em silêncio e com serenidade, meus amigos americanos em Plum Village, e acolhi seu conselho de ir aos Estados Unidos.

Se nos zangamos, incontáveis obstáculos se erguerão, bloqueando o nosso caminho. Portanto, sem sombra de raiva, temos de descobrir um meio de dizer ao presidente que Deus não pode abençoar países em conflito. Que ele precisa aprender a rezar melhor. Mas não devemos pensar que, pelo simples fato de elegermos um outro presidente, a situação se alterará. Se queremos ter um governo melhor, temos de começar por mudar nossa consciência e nosso modo de vida. Nossa sociedade é regida pela cobiça e pela violência. A forma de ajudar nosso país e nosso presidente é transformando a cobiça e a violência que existe em nós e trabalhar para transformar a sociedade.

Vejam os 500 mil homens e mulheres da América e do Ocidente e 1 milhão de soldados iraquianos que esperaram durante meses que a ofensiva por terra tivesse início. Eles tinham que se exercitar, dia e noite, a fim de se prepararem para matar. Durante o dia, usavam capacete, empunhavam rifles e baionetas, pulavam e gritavam como se não fossem seres humanos, e enfiavam suas baionetas em sacos de areia que representavam os soldados inimigos. Se não tivessem se transformado em menos que seres humanos, não poderiam fazê-lo. Tiveram que se tornar desumanos para aprender a matar. Assim se exercitavam durante o dia, e durante a noite repetiam tudo isso em seus sonhos – plantando sementes de sofrimento, de medo e de violência no âmago de suas consciências. É esse o adestramento da guerra – 1 milhão e meio de homens e mulheres, praticando, durante vários meses, o medo e a violência. Sabiam que tinham que fazê-lo para sobreviver.

Então estourou a guerra. O número de perdas foi enorme, e a isso chamamos vitória. Quando os 500 mil soldados voltaram, estavam profundamente feridos por terem praticado tanta violência no mundo real e em suas consciências. Por várias gerações, milhões de filhos e netos deles herdarão essas sementes de violência e de sofrimento. Como podemos chamar a isso de vitória? Quando os soldados chegaram em casa, choraram. Eles estavam vivos. Suas famílias e filhos também choraram. Eles, é claro, tinham o direito de estar felizes, mas os homens e mulheres que regressaram não eram os mesmos homens e mulheres que haviam partido. Suas feridas permanecerão conosco por muitos anos.

Temos que meditar juntos, como uma nação, se quisermos estar aptos a amar e a entender os nossos veteranos, o nosso presidente e o nosso governo. Oitenta por cento do povo americano apoiou a Guerra do Golfo, considerando-a limpa e digna. Eles não entendem a verdadeira natureza da guerra. Qualquer pessoa que tivesse assistido a uma guerra não diria isso. A Guerra do Golfo não foi nem limpa nem digna, nem para o povo do Iraque nem para o povo dos Estados Unidos. Depois de uma guerra, muitas pessoas, especialmente os jovens, encaram a violência como uma forma de resolver os problemas. Da próxima vez que surgir um conflito em algum canto do mundo, eles se sentirão tentados a apoiar outra solução militar, outra guerra rápida. Este tipo de pensamento e de ação danifica a consciência daqueles que pertencem ao "lado vencedor". Se queremos proteger a vida, temos que analisar profundamente, como indivíduos e como nação, a verdadeira natureza da guerra. Quando o fizermos, teremos que expô-la ao país inteiro, projetando-a numa enorme tela. Precisamos aprender juntos e fazer todo o possível para evitar que isso aconteça de novo. Se apenas protestarmos, não estaremos prontos quando a próxima guerra eclodir dentro de cinco ou de dez anos. A fim de evitar a próxima guerra, temos, hoje, que pôr a paz em prática. Se sediarmos a paz em nossos corações e na forma de vermos as coisas, a guerra não eclodirá. A única maneira de pôr fim às guerras é tendo a verdadeira paz. Se esperarmos até à iminência de uma nova guerra, para começar a praticar, será muito tarde.

A morte de um soldado iraquiano significa que uma família está sofrendo; e mais de 100 mil soldados e civis iraquianos foram mortos – não sabemos precisamente quantos. Depois de qualquer guerra, o sofrimento continua de ambos os lados durante várias gerações. Olhem para o sofrimento dos veteranos do Vietnã na América e para o sofrimento do povo vietnamita. Temos que praticar a conscientização e não esquecer o sofrimento que continua a existir de ambos os lados. Precisamos estar presentes para aqueles que necessitam de nós, comunicar-lhes que partilhamos de seu sofrimento, que sofremos também. Quando alguém se sente compreendido, sofre menos. Por favor, não esqueçam este aspecto da prática.

Nós, que entramos em contato com a guerra, temos o dever de trazer à tona a verdade sobre ela para aqueles que não a experimentaram diretamente. Somos a chama na ponta da vela. Ela queima, mas tem o poder de brilhar e de iluminar. Se pusermos a conscientização em prática, saberemos como analisar em profundidade a natureza da guerra e, com nossa compreensão, despertar as pessoas de forma a que, juntos, possamos evitar que os mesmos horrores tornem a se repetir. Nós, que nascemos da guerra, sabemos o que ela é. Ela está dentro de nós, mas também está em todas as pessoas. Todos nós vimos na TV os policiais de Los Angeles espancando Rodney King. Quando assisti a essa cena, identifiquei-me com Rodney King, e sofri muito. Vocês devem ter sentido o mesmo. Todos nós fomos espancados ao mesmo tempo. Quando, porém, olhei mais profundamente, vi que eu também sou os cinco policiais. Não pude diferenciar-me dos autores do espancamento. Eles estavam manifestando o ódio e a violência que domina na nossa sociedade.

Tudo está pronto para explodir e todos nós somos co-responsáveis. Não é só a pessoa espancada que sofre, mas também a pessoa que espanca. Se não, por que o fariam? Somente se você sofrer, você fará outra pessoa sofrer. Se você estiver feliz e tranqüilo, não infligirá sofrimento a uma outra pessoa. Também os policiais necessitam do nosso amor e da nossa compreensão. Nós ajudamos a criá-los, através da nossa negligência, da maneira pela qual vivemos o nosso dia-a-dia. No meu coração, não culpo ninguém. Deter e encarcerar os policiais não os ajudará, nem resolverá o problema. O problema é muito mais profundo. A violência tornou-se a substância de nossas vidas. Os veteranos do Vietnã, os veteranos do Golfo Pérsico, e os milhões que absorvem a violência todos os dias estão sendo treinados para serem iguaizinhos àqueles que fizeram o espancamento. Aceitamos a violência como uma forma de vida, e regamos as sementes de violência em nós mesmos, quando assistimos a filmes e programas violentos de TV, que nos estão envenenando e à sociedade. Se não transformarmos toda essa violência e incompreensão, um dia o espancamento e a morte podem suceder com o nosso próprio filho, ou será ele o autor do espancamento. Esse é um assunto que nos diz respeito, e muito.

Por favor, pegue o seu filho ou a sua filha pela mão e caminhe lentamente pelo parque. Você poderá se surpreender ao notar que, enquanto você está apreciando a luz do sol, as árvores e os pássaros, seu filho se sente um pouco chateado. Os jovens de hoje se aborrecem facilmente. Estão acostumados com televisão, o Nintendo, os brinquedos de guerra, música alta e outros tipos de excitação. À medida que crescem, guiam carros velozes, ou experimentam álcool, drogas, sexo ou outras coisas que sobrecarregam seus corpos e suas mentes. Também nós, adultos, tentamos preencher nossa solidão com esse tipo de coisas, e todos sofremos. Temos que ensinar a nós mesmos e a nossos filhos a apreciar as alegrias simples que estão ao nosso alcance. Isso pode não ser fácil nesta nossa sociedade complexa e dispersa, mas é essencial à nossa sobrevivência: sentar na grama com nossos filhos pequenos, mostrar-lhes as florzinhas azuis e amarelas que crescem entre a relva e admirar esse milagre juntos. A educação para a paz começa nesse instante.

CAPÍTULO 8

Dieta para uma sociedade consciente

Para concretizar a paz na nossa vida diária, precisamos de alguma orientação. Há dois mil e quinhentos anos, Buda presenteou Anathapindika e seus amigos com cinco maravilhosos preceitos, que deveriam seguir, a fim de ajudá-los a viver uma vida tranqüila e saudável. Desde essa época, em muitos países asiáticos, essa orientação tem servido de base ética para uma vida feliz. Eu gostaria de apresentá-los a vocês de uma maneira que torne sua aplicação adequada à nossa situação atual. Os problemas da violência, da injustiça racial, do alcoolismo, do abuso sexual, da exploração ambiental e tantos outros nos compelem a descobrir formas de pôr fim ao sofrimento que predomina em nós e na sociedade. Espero que vocês reflitam sobre esses cinco preceitos e que procurem pô-los em prática, ou na forma em que os apresento ou na forma em que se apresentam na própria tradição de vocês.

Primeiro Preceito

Ciente do sofrimento causado pela destruição da vida, assumo o compromisso de cultivar a compaixão e de estudar formas de proteger a vida das pessoas, dos animais e das plantas.

Estou determinado a não matar, a não deixar que os outros matem e a não tolerar qualquer ato de matança no mundo, tanto nos meus pensamentos como no meu modo de viver.

O fundamento de todos os preceitos está na conscientização. Com conscientização, vemos que a vida está sendo destruída no mundo como um todo, e assumimos o compromisso de cultivar a compaixão como uma fonte de energia voltada à proteção das pessoas, dos animais, das plantas e de todo o nosso planeta. Mas apenas sentir compaixão não é suficiente. Temos, também, que desenvolver a compreensão, a fim de saber que atitude tomar. Temos de fazer um esforço para abolir todas as guerras.

A mente é a base de nossas ações. Matar com a mente é mais perigoso do que matar com o corpo. Quando você acredita que conhece o único caminho e que as pessoas que não seguem esse caminho são suas inimigas, milhões podem morrer. Assim, não é apenas matando com as mãos que infringimos o primeiro preceito. Se, com o nosso pensamento e com o nosso modo de vida, permitimos que a matança continue, isso é também uma ofensa. Nós devemos olhar profundamente. Quando compramos ou consumimos alguma coisa, nós podemos estar participando de um ato de matança. Este preceito reflete a nossa determinação de não matar, direta ou indiretamente, e também a de não permitir que outros matem. Jurando seguir à risca este preceito, nos comprometemos a proteger o nosso planeta e a nos transformarmos em bodhisattvas cheios de energia, voltados para a prática do amor e da compaixão.

Segundo Preceito

Ciente do sofrimento causado pela exploração, pela injustiça social, pelo roubo e pela opressão, assumo o compromisso de cultivar o amor e a bondade e de estudar formas de trabalhar para o bem-estar das pessoas, dos animais e das plantas. Assumo o compromisso de praticar a generosidade, partilhando o meu tempo, a minha energia e os meus recursos materiais com aqueles que estão realmente necessitados. Estou determinado a não roubar e a não possuir nada que devesse pertencer a um outro. *Respeitarei a propriedade alheia, mas impedirei que outros se aproveitem do sofrimento humano ou do sofrimento de outras espécies que vivem sobre a Terra.*

O roubo se apresenta de muitas formas. A opressão é uma forma de roubo, e causa muito sofrimento, tanto aqui como no Terceiro Mundo. Os países são dilacerados pela pobreza e pela opressão. Queremos, por exemplo, ajudar as crianças famintas a se ajudarem, mas estamos presos em um modo de vida que nos mantém tão ocupados que não nos sobra tempo. Não precisamos de muito dinheiro para ajudá-las. Algumas vezes elas só necessitam de um comprimido ou de um prato de comida, mas como não conseguimos nos desvencilhar de nossos pequenos problemas e do nosso estilo de vida, nada fazemos.

Este preceito refere-se também à percepção do sofrimento e ao cultivo do amor e da bondade. Podemos ter a capacidade de ser generosos, mas precisamos também desenvolver maneiras específicas de demonstrar essa generosidade. Tempo representa mais que dinheiro. O tempo serve para proporcionar alegria e felicidade a outras pessoas e, portanto, a nós mesmos. Existem três tipos de dádivas – a dádiva dos recursos materiais, a dádiva de ajudar as pessoas a confiarem em si mesmas e a dádiva da coragem. Ajudar as pessoas a não serem destruídas pelo medo é a maior de todas as dádivas. Este preceito nos ensina a prática muito profunda de partilhar o tempo, a energia e os recursos materiais com aqueles que estão realmente necessitados, e reflete, verdadeiramente, o ideal bodhisattva da compaixão.

Terceiro Preceito

Ciente do sofrimento causado pelos abusos sexuais, eu assumo o compromisso de cultivar a responsabilidade e de estudar formas de proteger a integridade e a segurança dos indivíduos, dos casais, das famílias e da sociedade. Estou determinado a não me envolver em relações sexuais sem que haja amor e sem um comprometimento a longo prazo. A fim de preservar a felicidade dos outros e a minha, estou determinado a respeitar os meus compromissos e os de outras pessoas. Farei tudo o que estiver ao meu alcance para proteger as crianças de abusos sexuais e para evitar que casais e famílias se destruam por abusos sexuais.

Seguimos este preceito para ajudar a nós mesmos e a outras pessoas a evitar que sejam feridas, e para restaurar a paz e a estabilidade em nós mesmos, nas nossas famílias e na nossa sociedade. Uma relação sexual é um ato de comunhão que deve ser realizado conscientemente, com amor, carinho e respeito. A palavra "amor" é linda, e temos que restaurar o seu significado. Quando dizemos: "eu amo hambúrgueres", estragamos a palavra. Temos que fazer um esforço para restaurar as palavras, empregando-as adequadamente e cuidadosamente. O verdadeiro amor inclui um senso de responsabilidade e a aceitação da outra pessoa tal qual ela é, com todas as suas qualidades e defeitos. Se você aprecia somente as melhores facetas de uma pessoa, isso não é amor. Você tem que aceitar as suas fraquezas e oferecer a sua paciência, compreensão e energia para ajudar essa pessoa a se modificar. Esse tipo de amor é digno de confiança.

Usamos a expressão "doente de amor" para descrever o tipo de amor que nos deixa doentes. É uma forma de apego, ou de vício. Como a droga, que nos faz sentir no céu, mas que, uma vez viciados, nos tira a paz. Não podemos estudar, trabalhar ou dormir. Só pensamos na outra pessoa. Esse tipo de amor é possessivo, totalitário mesmo. Queremos possuir o objeto do nosso amor, e não admitimos que ninguém nos impeça de possuí-lo totalmente. Isso gera para o ser amado um tipo de prisão. Ele fica privado do direito de ser ele-mesmo.

O sentimento de solidão é universal na nossa sociedade, e isso pode nos empurrar para um relacionamento. Acreditamos, ingenuamente, que tendo uma relação sexual, nos sentiremos menos solitários. Porém, quando não existe uma real comunicação entre você e o outro, a relação sexual apenas ampliará o vazio e fará ambos sofrerem.

A expressão "compromisso a longo prazo" não é suficientemente forte para exprimir a profundidade do nosso amor, mas precisamos falar de algum jeito, para que as pessoas entendam. Para amar profundamente nossos filhos, precisamos assumir um compromisso a longo prazo e ajudá-los a percorrer a estrada da vida enquanto vivermos. Quando temos um bom amigo, também assumimos compromissos a longo prazo, tanto mais com a pessoa com quem queremos partilhar nossa alma e nosso corpo. É importante que esse compromisso seja assumido perante uma comunidade – a família ou os amigos – a fim de que eles o testemunhem e o apóiem. O sentimento que existe entre vocês dois pode não ser suficiente para manter a sua felicidade em momentos de adversidade. Mesmo que vocês não aceitem a instituição do matrimônio, ainda assim é importante assumir esse compromisso na presença de amigos que amam e apóiam vocês. Isso lhes dará paz, estabilidade e uma oportunidade maior de verdadeira felicidade.

Este preceito também se aplica à sociedade. Existem muitas maneiras de destruir a nossa família e de a nossa sociedade ser destruída por abusos sexuais. Hoje em dia muitas pessoas sofrem por terem sido molestadas quando crianças. Quando você pratica esse preceito, você faz o voto de proteger, não só as crianças, mas também quem as desrespeita sexualmente. Aqueles que causam sofrimento devem, da mesma forma, tornar-se objeto do seu amor e da sua proteção. Eles são o produto de uma sociedade instável e precisam da nossa ajuda. Nossa sociedade tem necessidade de bodhisattvas que atuem nesse campo, a fim de evitar o sofrimento e a ruptura de relacionamentos, de famílias e de vidas.

Quarto Preceito

Ciente do sofrimento causado por palavras descuidadas e pela incapacidade de ouvir os outros, assumo o compromisso de falar com amor e de ouvir atenciosamente, a fim de levar alegria e felicidade aos outros e de aliviá-los de seu sofrimento. Ciente de que as palavras podem criar felicidade ou sofrimento, assumo o compromisso de aprender a falar com toda a sinceridade, com palavras que inspirem autoconfiança, alegria e esperança. Estou determinado a não espalhar notícias das quais não esteja bem seguro e a não criticar ou condenar as coisas das quais não esteja bem certo. Abster-me-ei de proferir palavras que possam provocar divisão ou discórdia, ou que possam provocar uma ruptura na família ou na comunidade. Farei tudo o que estiver ao meu alcance para conciliar e solucionar todos os conflitos, por menores que sejam.

O discurso amoroso é um ato de generosidade. Quando somos movidos pela bondade amorosa, podemos levar felicidade a muita gente por meio de nossas palavras bondosas. Quando estamos carregados de dor, é difícil falar com doçura, de forma que é muito importante examinar profundamente a natureza da nossa ira, do nosso desespero e do nosso sofrimento, a fim de nos livrarmos deles. Se empregamos palavras que inspirem autoconfiança e fé, especialmente com as nossas crianças, elas desabrocharão.

Na minha tradição, sempre que queremos nos inspirar para praticar a arte de ouvir atentamente, recitamos a seguinte oração:

Invocamos o teu nome, Avalokitesvara. Queremos aprender o seu jeito de ouvir, a fim de ajudar a aliviar os sofrimentos do mundo. Você sabe como ouvir para entender. Invocamos o teu nome a fim de exercitar a arte de ouvir com toda a atenção e com o coração aberto. Sentaremos e ouviremos sem nenhum preconceito. Sentaremos e ouviremos sem reagir ou julgar. Sentaremos e ouviremos para entender. Sentaremos e ouviremos com tamanha atenção que estaremos aptos a ouvir o que a outra pessoa está dizendo, e também o que não está sendo dito. Sabemos que só pelo fato de ouvir atentamente, já aliviamos uma grande parte da dor e do sofrimento alheio.

Ouvir atentamente é a base para a reconciliação. Reconciliar equivale a levar paz e felicidade aos membros da nossa família, da nossa sociedade e das outras nações. Para promover a obra da reconciliação, temos que nos abster de nos filiar a um ou outro partido, a fim de entender a ambos. Essa posição exige coragem; podemos ser esmagados ou mesmo assassinados por aqueles a quem queremos ajudar. Depois de ouvir ambas as facções, podemos expor a cada lado o sofrimento da outra. Isso apenas trará um maior entendimento. As pessoas estão extremamente necessitadas disso em muitas partes do mundo, incluindo a África do Sul, o Leste Europeu, o Oriente Médio e o Sudeste da Ásia. Nossa sociedade precisa de bodhisattvas que possam superar as enormes diferenças entre as religiões, as raças e os povos.

Quinto Preceito

Ciente do sofrimento causado pelo consumo indiscriminado, assumo o compromisso de cultivar a boa saúde, tanto física como mental, no que tange a mim mesmo, à minha família e à sociedade, comendo, bebendo e gastando com parcimônia. Assumo o compromisso de ingerir somente produtos que preservem a paz, o bem-estar e a alegria no meu corpo, na minha consciência, no corpo coletivo e na consciência da minha família e da sociedade. Estou determinado a não ingerir álcool ou qualquer outro tóxico, assim como alimentos ou outros produtos que contenham toxinas, tais como certos programas de televisão, revistas, livros, fil-

mes e conversas. Estou ciente de que danificar o meu corpo ou a minha consciência com esses venenos significa trair meus ancestrais, meus pais, minha sociedade e as gerações futuras. Vou lutar para transformar a violência, o medo, a ira e a confusão que existem dentro de mim e na sociedade praticando uma dieta para o meu bem e para o bem da sociedade. Compreendo que uma dieta adequada é de suma importância para a autotransformação e para a transformação da sociedade.

No Ocidente, as pessoas têm a impressão de que seus corpos lhes pertencem, que podem fazer com o corpo o que quiserem. Acham que têm o direito de viver a vida como bem lhes apraz. E a lei os protege. Isso é individualismo. Mas, de acordo com as lições da inter-relação dos seres, o seu corpo não é só seu. Seu corpo pertence aos seus antepassados, aos seus pais e às futuras gerações, além de pertencer também à sociedade e a todos os outros seres viventes. Todos se uniram para edificar a presença desse corpo. Manter o seu corpo saudável constitui uma expressão de gratidão a todo o cosmos – às árvores, às nuvens, a tudo. Você põe em ação essa prática pelo bem de todos. Se estiver são, física e mentalmente, todos nós seremos beneficiados. Somos o que consumimos e metabolizamos. Temos que comer, beber e consumir mas, a menos que o façamos conscientemente, podemos destruir o nosso corpo e a nossa consciência, expressando uma grande falta de gratidão para com nossos ancestrais, para com nossos pais e as gerações futuras. O consumo consciente é o assunto principal deste preceito.

É importante que cada família faça por dia, pelo menos, uma refeição em conjunto. Essa refeição deve representar uma ocasião para a prática da conscientização, e para percebermos como somos ditosos por estarmos juntos. Depois de nos sentar, olhamos para cada pessoa e, inspirando e expirando, sorrimos uns para os outros, por uns instantes. Esse modo de agir pode produzir um milagre. Pode torná-lo real, e pode fazer o mesmo às outras pessoas à mesa.

Praticamos a seguir a meditação sobre o alimento. Uma pessoa dirige os olhos a um prato sobre a mesa e descreve seu conteúdo e sua história. Crianças e adultos podem aprender com isso e adquirir um conhecimento mais profundo quanto à natureza do alimento. Isso pode levar apenas alguns minutos, mas contribuirá para se apreciar bem mais a comida. Por exemplo, alguém diz em voz alta: "Este pão, fruto do trigo, da Terra, do sol e da chuva, chega até nós depois de um duro trabalho. O trigo foi cultivado organicamente por um fazendeiro do Texas, e uma quantidade considerável de combustível foi despendida para transportar a farinha até uma padaria consciensiosa na nossa cidade natal. É nosso desejo que possamos fazer jus a esse alimento e apreciar os elementos positivos e negativos presentes em cada mordida."

Comer em silêncio, mesmo que por poucos minutos, constitui uma prática muito importante. Afasta todas as distrações que nos impedem de realmente entrar em contato com o alimento. Nossa concentração pode ser frágil, e pode ser muito difícil sustentar uma conversação e ao mesmo tempo honrar verdadeiramente a comida. De forma que, durante os primeiros cinco ou dez minutos, é ótimo que se coma em silêncio. Segundo a minha tradição monástica, antes de comer, praticamos as Cinco Contemplações. A segunda contemplação é: "Prometemos ser dignos desta comida." Penso que a melhor maneira de sermos dignos dessa comida é comendo-a conscientemente. O cosmos inteiro se congregou para concretizar esse alimento, e alguém dedicou uma hora ou mais no seu preparo. Seria uma pena não o comermos conscientemente.

Depois do período de silêncio, podemos praticar a conversação consciente, o tipo de conversa que pode aumentar a felicidade da família. Nunca devemos falar de coisas que podem nos separar; nunca devemos repreender ninguém durante a refeição. Isso estragaria tudo. Os pais devem evitar falar nos erros que os filhos cometeram, e os jovens também só devem falar de coisas que ajudarão a trazer mais felicidade e a consolidar a conscientização da família, tais como: "Papai, esta sopa não está fantástica?" Falar dessa maneira rega as sementes de felicidade de toda a família. A vida é uma arte. Devemos todos ser artistas para levar uma vida feliz. Mais tarde teremos tempo para discutir nossos projetos comerciais ou o que aconteceu na escola. Durante o jantar, nós nos sentimos gratos por estarmos juntos, por termos o que comer, e apreciamos realmente a comida e a presença de cada um.

É importante manter uma dieta saudável. Existem tantas coisas maravilhosas para comer e beber; temos que evitar consumir as coisas que nos fazem mal. O álcool causa enormes sofrimentos. Muitas pessoas cresceram sofrendo maus-tratos recebidos de um pai alcoólatra. O fruto e o grão que dão origem a bebidas alcoólicas ocupam propriedades agrícolas que poderiam estar produzindo alimentos para os que têm fome. E quantos acidentes de trânsito envolvem pessoas alcoolizadas! Quando entendermos que nossa prática não visa apenas a nós mesmos, deixaremos de ingerir bebidas alcoólicas. Parar de beber equivale a um atestado para nossos filhos e para a sociedade de que essa substância não é digna do nosso apoio. Mesmo que não bebamos, podemos ser mortos por um motorista bêbado. Ao persuadir uma pessoa a deixar de beber, transformamos o mundo num lugar mais seguro. Beber vinho constitui um hábito entranhado na civilização ocidental, como a Eucaristia e o Sabbath o evidenciam. Conversei com sacerdotes e rabinos sobre a possibilidade de substituir o vinho por suco de uva ou outra bebida, e eles acharam possível.

Às vezes não temos necessidade de consumir tanto quanto consumimos. O consumo em si pode tornar-se uma espécie de vício, porque nos sentimos extremamente sós. A solidão é um dos males da vida moderna. Quando estamos solitários, nutrimos nosso corpo e nossa consciência com alimento que pode nos intoxicar. Assim como despendemos tanto esforço para seguir uma dieta adequada ao nosso corpo, precisamos também seguir uma dieta adequada à nossa consciência, evitando ingerir alimento intelectual ou espiritual tóxico. Quando assistimos TV, lemos livros ou revistas ou pegamos o telefone, estamos apenas piorando as nossas condições, se o nosso consumo não for consciente. Depois de uma hora assistindo a um filme repleto de violência, regamos as sementes de violência, de ódio e de medo que existem dentro de nós. Nós o fazemos e permitimos que nossos filhos o façam. Precisamos organizar encontros de família, a fim de discutir uma política inteligente no que se refere a assistir televisão. Poderíamos rotular nossos aparelhos de TV como rotulamos nossos maços de cigarro: "Atenção: Assistir televisão pode ser perigoso para a sua saúde." As crianças vêem muitas imagens violentas na televisão. Temos necessidade de uma política inteligente no que diz respeito ao uso da televisão.

Existem, claro, muitos programas bonitos e sadios, e deveríamos organizar o nosso tempo para que toda a família se beneficie com eles. Não precisamos destruir nossos aparelhos de TV. Só temos que usá-los conscientemente. Podemos pedir às emissoras de televisão que transmitam programas mais sadios e encorajar o boicote daquelas que se recusarem. Podemos até apoiar a fabricação de aparelhos de TV que só captem os sinais das estações que oferecem programas saudáveis e educativos. Precisamos nos proteger, porque as toxinas estão dominando e destruindo a nossa sociedade, a nossa família e a nós.

A idéia de uma dieta é a essência deste preceito. Nossa consciência coletiva tem excesso de violência, de medo, de ansiedade e de ódio dentro de si, e se manifesta sob a forma de guerras e bombas. As bombas são um produto do medo que existe na nossa consciência coletiva. Não basta remover as bombas. Mesmo que pudéssemos transportar todas as bombas para a lua, não estaríamos seguros, porque as raízes da guerra e das bombas continuam presentes na nossa consciência coletiva. Não podemos abolir a guerra com demonstrações de raiva. Temos que transformar as toxinas que existem na nossa própria consciência e na nossa consciência coletiva. Temos que fazer uma dieta para nós mesmos, para a nossa família e para a nossa sociedade, e temos que trabalhar com artistas, escritores, cineastas, advogados, psicoterapeutas e outros, se quisermos pôr um ponto final nesse tipo de consumo que está envenenando a nossa consciência coletiva.

O problema é muito grande. Não se trata apenas de saborear um copo de vinho. Se você deixa definitivamente de beber, ou deixa de assistir filmes e programas de televisão pouco recomendáveis, você o faz por toda a sociedade. Quando você percebe que corremos um grande perigo, privar-se do primeiro copo de vinho é uma manifestação da sua lucidez. Você está dando um exemplo a seus filhos, a seus amigos e a todos nós. A televisão francesa adverte: *"Une verre, ça va, deux verres, bonjour les dégâts."* "Um copo, tudo bem; mas dois copos, dê boas-vindas ao desperdício." Não dizem que, se não houvesse o primeiro copo, não existiria o segundo.

Por favor, acompanhe-me na descrição de três coisas. Primeiro – que tipos de toxinas você já tem entranhadas no seu corpo; que tipos de toxinas você já tem entranhadas na sua psique; na sua consciência? O que o faz sofrer agora? Se, para fazer um bom exame de consciência, você precisar meditar sentado ou caminhando, por favor, faça-o. Mas depois, sente-se quieto por alguns instantes e então examine o corpo e a alma de seus filhos, do seu cônjuge, ou de outras pessoas que estejam perto de você, já que vocês estão todos no mesmo barco. Reconhecer essas toxinas e fazer uma lista delas numa folha de papel é meditação – examinar em profundidade para dar às coisas seus verdadeiros nomes.

Segundo – por favor, perguntem a si mesmos: "Que tipo de veneno estou injetando diariamente no meu corpo e na minha consciência?" O que estou ingerindo diariamente que é tóxico para meu corpo e para minha consciência? O que a minha família está ingerindo? O que a minha cidade e a minha nação estão ingerindo em termos de violência, de medo e de ódio? O espancamento de

Rodney King é uma demonstração de quanto ódio, medo e violência existem na nossa sociedade. Que tipos de venenos ingerimos diariamente em nossas famílias, em nossas cidades e em nossa pátria? Isso é meditação voltada à coletividade.

Terceiro – escreva uma receita que brote de sua introvisão. Por exemplo: "Prometo que, a partir de hoje, não vou mais ingerir isto, isto e isto. Prometo só usar isto, isto e isto, a fim de alimentar o meu corpo e minha consciência." Esta é a base da prática – da prática de dedicar a você mesmo bondade e amor. Você não pode amar uma outra pessoa, a menos que ame e cuide de si mesmo. Agir desta maneira é praticar a paz, o amor e a compreensão. Quando você olha profundamente, você adquire compreensão, e sua compreensão gera compaixão.

Antes de começar a comer, inspire e expire e olhe para a mesa, avaliando o que faz bem e o que não faz bem ao seu corpo. Isso é seguir o preceito de proteger o seu corpo. Quando você quiser assistir televisão ou ir ao cinema, olhe primeiro bem dentro de você a fim de determinar o que deve e o que não deve ser visto por você e pelos seus filhos. Pense nos livros e nas revistas que você lê, e decida sobre o que deve e o que não deve ser lido por você e pelos seus filhos. Se praticarmos juntos, como uma comunidade, não teremos necessidade de procurar refúgio, distraindo-nos com venenos. Baseados na nossa própria compreensão, podemos decidir o que ingerir e o que não ingerir com relação ao nosso corpo e ao nosso espírito.

Por favor, discuta com a sua família e com os amigos uma dieta para o seu corpo, uma dieta para a sua consciência, e também uma dieta para a consciência coletiva da nossa sociedade. Esta é uma prática de meditação e um verdadeiro trabalho de paz. A paz começa com cada um de nós cuidando do nosso corpo e da nossa mente diariamente.

Espero que você siga à risca o espírito e a letra destes cinco preceitos, recitando-os regularmente e debatendo-os com amigos.

Se preferir adotar preceitos equivalentes, existentes na sua própria tradição, melhor. Em Plum Village, repetimos esses preceitos semanalmente. Uma pessoa lê pausadamente cada preceito, depois respira três vezes antes de dizer: "Este é o (primeiro) dos cinco preceitos. Você fez algum esforço no sentido de estudá-lo e praticá-lo durante a semana?" Não respondemos sim ou não. Apenas respiramos três vezes e deixamos que a pergunta entre dentro de nós. Isso já basta. Um "sim" não seria inteiramente correto, mas um "não" também não seria correto. Ninguém pode pôr esses preceitos em prática com perfeição. Se você é vegetariano, por exemplo, o alimento que você ingere ainda contém seres vivos. Mas temos que fazer alguma coisa, e pôr em prática esses preceitos é um caminho que podemos seguir para provocar as mudanças dramáticas, necessárias em nós mesmos e na sociedade.

CAPÍTULO 9

Como construir um Sangha

Toda vez que vejo uma pessoa desprovida de raízes, eu a considero um fantasma faminto. Na mitologia budista, o termo "fantasma faminto" é usado para designar uma alma errante, extremamente sedenta e esfomeada, mas cuja garganta é por demais estreita para que a comida ou a bebida possam passar. Durante a lua cheia do sétimo mês lunar, no Vietnã, oferecemos comida e bebida aos fantasmas famintos. Sabemos que é difícil para eles aceitarem nossas dádivas, de forma que entoamos um *Mantra para Alargar a Garganta dos Fantasmas Famintos*. Existem tantos fantasmas famintos, e nossas casas são tão pequenas, que temos que fazer essas oferendas no jardim.

Os fantasmas famintos anseiam por serem amados, mas por mais que os amemos e cuidemos deles, eles não têm capacidade de receber o nosso afeto. Eles podem, em princípio, entender que existe beleza na vida, mas são incapazes de entrar em contato com ela. Parece que algo se interpõe em seu caminho, impedindo-os de entrar em contato com esses fatores vivificantes e curativos da vida. Eles só querem esquecer de que existe vida, de forma que se voltam para o álcool, para as drogas ou para o sexo, a fim de que estes os ajudem a esquecer. Se dissermos: "Não façam

isso", eles não ligarão a mínima. Já ouviram bastantes advertências. Eles precisam de algo em que acreditar, algo que lhes prove que a vida tem sentido. Todos precisamos de algo em que acreditar. Para ajudar um fantasma faminto, temos que ouvi-lo com toda a atenção, proporcionar-lhe uma atmosfera familiar e de irmandade, e então ajudá-lo a encontrar algo bom, belo e verdadeiro em que acreditar.

Uma tarde, em Plum Village, vi uma mulher que parecia exatamente um fantasma faminto. Plum Village, naquela época do ano, era muito linda – as flores desabrochavam e todo o mundo sorria – mas ela não via nada. Pude sentir o seu sofrimento e a sua dor. Ela caminhava sozinha e parecia estar morrendo de solidão a cada passo. Viera a Plum Village para estar em companhia de outras pessoas, mas quando chegou não tinha capacidade de ficar na companhia de ninguém.

Nossa sociedade gera milhões de fantasmas faminots, pessoas de todas as idades – já vi alguns com dez anos incompletos – completamente desprovidas de raízes. Nunca foram felizes em casa, e não têm nada em que acreditar e nada a que pertencer. Essa é a principal enfermidade do nosso tempo. Sem ter nada em que acreditar, como sobreviver? Como encontrar energia para sorrir ou para entrar em contato com uma tília ou com um lindo céu? Você está perdido, e vive sem o menor senso de responsabilidade. O álcool e as drogas estão destruindo o seu corpo.

Nosso governo acredita que a forma de lidar com o problema das drogas no país é tentando evitar que sejam contrabandeadas e prendendo os traficantes e os usuários. Mas a disponibilidade das drogas representa um aspecto secundário do problema. A causa principal reside na falta de sentido da vida de tanta gente, na ausência de algo em que acreditar. Se você abusa das drogas ou do álcool é porque não está feliz – você não aceita a si mesmo, nem à sua família, nem à sua sociedade, nem à sua tradição e quer renunciar a tudo.

Temos que descobrir um meio de reconstruir as bases da nossa comunidade e oferecer às pessoas algo em que acreditar. As coisas que lhe foram oferecidas no passado podem, talvez, ter sido muito abstratas e apresentadas de forma por demais coercitiva. Talvez você tenha pensado que a ciência traria bem-estar à sociedade, ou que o marxismo traria justiça social, e suas crenças foram estilhaçadas. Mesmo o Deus para o qual você rezava – o mesmo que o presidente Bush invocou para ajudar os Estados Unidos a derrotar o Iraque – era muito pequeno. Muitas das pessoas que representavam suas tradições não vivenciaram, elas mesmas, os valores mais profundos dessas tradições; apenas falavam em nome dessas tradições e tentavam forçar você a acreditar nelas, e você se sentiu afastado.

A consciência é algo em que podemos acreditar. Ela consiste na nossa capacidade de perceber o que está ocorrendo no momento presente. Acreditar na consciência é seguro e de modo algum abstrato. Quando bebemos um copo de água e sabemos que estamos bebendo um copo de água, ali está presente a consciência. Quando sentamos, andamos, levantamos ou respiramos, e sabemos disso, entramos em contato com as sementes da consciência que existem dentro de nós, e depois de alguns dias nossa consciência ficará mais forte. A Consciência é um tipo de luz que nos mostra o caminho. É o Buda vivo dentro de cada um de nós. A consciência faz nascer a compreensão, o despertar, a compaixão e o amor.

Não só os budistas, mas também os cristãos, os judeus, os muçulmanos e os marxistas aceitam que cada um de nós tem a capacidade de ser consciente, que cada um de nós traz dentro de si a semente da consciência. Se soubermos como regar essa semente, ela crescerá, e nós reviveremos, aptos a gozar as maravilhas da vida. Conheço muitas famílias que estiveram a ponto de se romper e cuja harmonia foi restaurada graças à prática da conscientização. Por isso, se você me perguntar no que eu acredito, responderei que acredito na consciência. A fé é o primeiro dos cinco poderes pregados pelo Buda. O segundo é a energia e o terceiro, a consciência; o quarto, a concentração e o quinto, a compreensão. Se você não tiver fé, se não acreditar em nada, não terá energia. É por isso que a fé suscita a energia. Um bom amigo é alguém que pode inspirar fé.

Quando tocamos o chão, podemos sentir a estabilidade da Terra. Podemos também sentir a estabilidade do sol, do ar e das árvores – podemos contar que o sol nascerá amanhã e que as árvores estarão diante de nós. Temos que depositar a nossa fé naquilo que é estável. Quando construímos uma casa, erguemo-la sobre um terreno sólido. Quando dizemos: "Eu procuro refúgio no sangha", significa que depositamos nossa fé numa comunidade de companheiros praticantes que é sólida. Um professor, assim como os seus ensinamentos, pode ser importante, mas os amigos constituem o elemento mais importante da prática. É difícil, ou mesmo impossível, praticar sem um sangha.

Quando olhamos profundamente para descobrir o nosso verdadeiro "eu", constatamos que aquilo que temos chamado de eu é constituído totalmente de elementos que nada têm a ver com o "eu". Nosso corpo e nossa mente têm suas raízes na sociedade, na natureza e nas pessoas que amamos. Alguns de nós podem não gostar de falar ou de pensar em suas raízes, por terem sofrido muita violência por parte da sua família ou da sua cultura. Queremos deixar essas coisas para trás e buscar algo novo. É fácil compreender por que nos sentimos assim, mas quando nos habituamos a olhar profundamente, descobrimos que nossos antepassados e nossas tradições subsistem em nós. Podemos estar revoltados com eles, mas mesmo assim eles estão presentes, incitando-nos a voltar atrás e a entrar em contato com suas dores e suas alegrias. Não temos outra alternativa senão a de entrar em contato com as raízes que estão dentro de nós. A partir do momento em que estabelecemos essa conexão, uma mudança ocorre dentro de nós, e nossas dores começam a se desvanecer. Compreendemos que somos um elemento que integra a seqüência de nossos antepassados, e também somos o caminho para as gerações futuras.

Não podemos jogar fora uma coisa e correr atrás de outra. Seja a nossa tradição cristã, judaica, islâmica ou outra qualquer, temos que analisar os caminhos trilhados pelos nossos antepassados e descobrir na tradição os melhores elementos, tanto para nós como para nossos filhos. Temos que viver de forma a que os ancestrais, que existem dentro de nós, possam se libertar. No momento em que pudermos proporcionar alegria, paz, liberdade e harmonia aos nossos antepassados, proporcionaremos alegria, paz, liberdade e harmonia a nós mesmos, aos nossos filhos e aos filhos de nossos filhos, ao mesmo tempo.

Muitas pessoas sofreram abusos ou maus-tratos por parte de seus pais, e muitas outras foram rejeitadas ou severamente criticadas por eles. Agora, em suas consciências armazenadoras, essas pessoas têm tantas sementes de infelicidade que não querem nem mesmo ouvir o nome do pai ou da mãe. Quando encontro alguém assim, sempre ofereço a meditação da criança de cinco anos, que consiste numa massagem de conscientização. "Inspirando, vejo-me como uma criança de cinco anos de idade. Expirando, sorrio para essa criança que existe dentro de mim." Durante a meditação, você procura se ver como uma criança de cinco anos. Se puder olhar em profundidade para essa criança, você verá que é vulnerável e que pode ser ferido facilmente. Um olhar severo ou um grito podem causar formações internas na sua consciência armazenadora. Quando seus pais brigam e gritam entre si, os seus cinco anos de idade recebem muitas sementes de sofrimento. Ouvi jovens dizerem: "O presente mais precioso que meus pais podem me oferecer é a sua própria felicidade." Por viver infeliz, seu pai o fez sofrer muito. Agora você está se vendo como uma criança de cinco anos de idade. Quando você sorrir para essa criança que existe dentro de você, sorria com compaixão. "Eu era tão jovem e delicado e fui agraciado com tanta dor."

No dia seguinte, eu o aconselharia a fazer a seguinte prática: "Inspirando, vejo meu pai como uma criança de cinco anos de idade. Expirando, sorrio para essa criança, com compaixão." Não estamos acostumados a ver nossos pais como uma criança de cinco anos. Pensamos neles como tendo sido sempre pessoas adultas, severas e dotadas de grande autoridade. Não dedicamos tempo algum para ver nosso pai como um menino jovem e delicado, que também podia ser facilmente magoado por outras pessoas. De forma que a prática consiste em visualizar o seu pai como um menino de cinco anos – frágil, vulnerável e facilmente ferido. Se ajudar, você pode abrir o álbum de família e estudar a imagem do seu pai quando menino. Quando estiver apto a visualizá-lo como uma criança vulnerável, compreenderá que ele pode ter sido vítima do pai dele, seu avô. Se ele recebeu de seu pai muitas e muitas sementes de sofrimento, é claro que ele não saberá tratar bem o filho. Então ele o fez sofrer, e o círculo do samsara continua. Se você não fizer exercícios de conscientização, fará exatamente o mesmo com seus filhos. A partir do momento em que enxergar o seu pai como uma vítima, a compaixão nascerá no seu coração. Quando sorrir para ele com compaixão, você começará a introduzir na sua dor a conscientização e a compreensão. Se praticar dessa forma durante muitas horas ou muitos dias, a raiva que você sente dele desaparecerá. Um dia, você sorrirá pessoalmente para seu pai e o abraçará, dizendo: "Eu o compreendo, pai. Você sofreu muito durante a sua infância."

Através da meditação, redescobrimos o valor de nossas famílias e de nossas raízes, incluindo aqueles valores soterrados sob anos de sofrimento. Cada tradição guarda algumas pedras preciosas, frutos de milhares de anos de experiência. Agora elas vieram a nós, e não podemos ignorá-las ou negá-las. Mesmo a comida que comemos encerra em si nossos ancestrais e nossos valores culturais. Como podemos dizer que não temos nada em comum com a nossa cultura? Podemos descobrir maneiras de honrar as nossas tradições, como também outras tradições. A meditação nos ensina o caminho para remover barreiras, limites e discriminações, a fim de distinguir dentro do "eu" os elementos que não o integram. Por meio da prática, podemos remover os perigos da separação e criar um mundo onde nossos filhos possam viver em paz. As divisões entre pessoas, nações e crenças religiosas muito contribuíram durante séculos para nossa infelicidade. Temos que realizar a nossa prática de modo a libertar essas tensões dentro de nós e entre as pessoas, para que possamos nos expandir e nos comprazer uns com os outros como irmãos e irmãs. Pouco importa a tradição em que você realiza a sua prática. Se você chegar à compreensão da natureza das relações entre os seres, essa é a verdadeira meditação.

Algumas pessoas, alguns fantasmas famintos, tornaram-se tão desenraizados que é realmente impossível para nós pedir-lhes que retornem às suas próprias raízes, pelo menos por enquanto. Temos que ajudá-los oferecendo-lhes uma alternativa, uma segunda oportunidade. Pessoas desse tipo vivem à margem da sociedade, e, como árvores que não têm raízes, não podem absorver o alimento de que necessitam. Encontrei pessoas que meditavam há vinte anos e eram ainda incapazes de se transformar, por serem totalmente desprovidas de raízes. A prática consiste em ajudá-las a conseguir algumas raízes, para encontrar um lugar onde possam se fixar.

Na Ásia fizemos um esforço no sentido de moldar as práticas comunitárias baseando-as na família. Chamávamos uns aos outros de irmãos no dharma, irmãs no dharma, tios no dharma ou tias no dharma, e chamávamos o nosso mestre de pai no dharma ou mãe no dharma. As crianças em Plum Village me chamam de "Mestre Vovô". Sempre me aproximo delas como um avô, não como alguém estranho à família. Um centro de meditação deve proporcionar esse tipo de calor humano, esse tipo de irmandade familiar que continuará a nos alimentar. No contexto de uma família espiritual, temos uma oportunidade real, uma segunda chance de nos enraizarmos. Os membros do sangha estão cientes de que estamos em busca de amor, e eles nos tratam de forma a termos a melhor oportunidade de nos fixar nessa segunda família. Dão o melhor de si para cuidar bem de nós, agindo, no que nos diz respeito, como irmãos e irmãs. Depois de três ou seis meses, nasce um sorriso em nossos lábios, quando alguma relação sincera entre nós e outro membro do sangha é vista e reconhecida, pois eles sabem que estamos começando a fazer progresso e que a transformação será possível. Novas raízes estão começando a despontar.

Relações interpessoais constituem a chave para sermos bem-sucedidos na prática. Sem uma relação íntima e profunda com pelo menos uma pessoa, é improvável que ocorra essa transformação. Com o amparo de uma pessoa, você tem estabilidade e apoio e, mais tarde, pode chegar a uma terceira pessoa e, finalmente, vir a ser um irmão ou uma irmã para todos no sangha. Você demonstrou vontade e capacidade para viver em paz e harmonia com todos os membros do sangha.

É meu profundo desejo que comunidades praticantes do Ocidente se organizem dessa forma, como famílias, rodeadas de uma atmosfera amistosa, calorosa, a fim de que as pessoas sejam bem-sucedidas em sua prática. Um sangha onde cada pessoa é uma ilha que não se comunica com os demais, não ajuda em nada. É apenas uma série de árvores sem raízes. A cura e a transformação não podem acontecer nessa atmosfera. Precisamos estar enraizados se quisermos ter a oportunidade de aprender e praticar a meditação.

A família nuclear é uma invenção bem recente. Além do pai e da mãe, existem apenas um ou dois filhos. Às vezes, numa família tão pequena, não existe ar suficiente para se respirar. Quando surgem problemas entre os pais, toda a família sente os efeitos. A atmosfera da casa é pesada, e não há nenhum lugar para onde fugir. Algumas vezes a criança pode ir ao banheiro e trancar a porta só para ficar sozinha, mas ainda não há saída; a atmosfera pesada invade também o banheiro. Assim, a criança cresce cheia de sementes de sofrimento e depois as transmite a seus filhos.

Antigamente, tios, tias, avós e primos viviam todos juntos. As casas eram rodeadas de árvores, sob cuja sombra podiam pendurar redes e organizar piqueniques, e as pessoas não enfrentavam muitos dos problemas que enfrentam hoje. Quando os pais tinham problemas, as crianças podiam sempre dar uma fugida, indo para junto de um tio ou de uma tia. Elas ainda contavam com alguém que olhasse por elas, de forma que a atmosfera não era tão ameaçadora. Acredito que as comunidades que cultivam a prática de viver conscientemente podem substituir nossas grandes famílias antigas, porque, quando chegamos a elas, conhecemos muitos tios, tias e primos que podem nos ajudar.

Pertencer a uma comunidade em que as pessoas se reúnem como irmãos e irmãs no dharma, e onde as crianças têm muitos tios e tias, é uma coisa maravilhosa. Temos que aprender a criar esse tipo de família. Temos que considerar os outros membros da comunidade como nossos irmãos e irmãs. Isso já é uma tradição no Oriente, e pode ser aprendido no Ocidente. Podemos extrair o melhor das duas culturas.

Aqui no Ocidente, tenho visto muitos pais separados. Pais separados podem também beneficiar-se com a prática de uma comunidade. Eles podem pensar que é ncessário tornar a casar para ter mais estabilidade, mas eu não concordo. Você pode ter mais estabilidade agora, sozinho, do que tinha quando estava com um companheiro. Uma outra pessoa que chega à sua vida pode destruir a estabilidade que você tem agora. É mais importante buscar refúgio em si mesmo, reconhecendo a estabilidade que você já tem. Ao fazê-lo, você se torna ainda mais sólido, e transforma a você mesmo num refúgio para seu filho e para seus amigos. De forma que, em primeiro lugar, você precisa tornar a você mesmo uma pessoa estável e abrir mão da idéia de que você não pode ser você mesmo, a menos que "aquele alguém" esteja com você. Você é suficiente. Quando você se transforma em um confortável eremitério, dotado de ar, de luz e ordem no seu interior, você começa a sentir paz, alegria e felicidade e a ser alguém em quem os outros podem confiar. Seus filhos e todos os seus irmãos e irmãs no dharma podem confiar em você.

Portanto, antes de mais nada, regresse à sua morada solitária e arrume as coisas de dentro para fora. Você pode se beneficiar com a luz solar, com as árvores e com a Terra. Você pode abrir as janelas para que esses elementos saudáveis e estáveis entrem, e para que você se torne uma coisa só com o seu meio circundante. Quando os fatores desestabilizantes tentarem entrar na sua morada, feche as janelas e barre-lhes a entrada. Quando trovoadas, ventos fortes ou um grande calor quiserem se introduzir, não permita que entrem. Ser um refúgio para si mesmo constitui uma prática básica. Não confie em pessoas que você não conhece bem, pessoas que podem ser instáveis. Volte-se para si mesmo e procure refúgio na sua própria morada.

Se você é mãe e está criando seu filho sozinha, tem que aprender a fazê-lo. Você tem também que ser pai; caso contrário, continuará a precisar de alguém para desempenhar o papel de pai para seu filho, e você perderá a sua soberania, perderá a sua morada. Se puder dizer: "Posso aprender a ser mãe e pai para o meu filho. Posso vencer por mim mesma, com a ajuda de meus amigos e de minha comunidade" –, isso é um bom sinal.

O amor do pai é diferente do amor da mãe. O amor materno é de certo modo incondicional. Você é a criança da sua mãe; é por isso que você é amado por ela. Não existe outra razão. Uma mãe procura usar o corpo e a mente para proteger essa parte sensível, vulnerável, de si mesma. Ela tem a tendência de considerar o filho como uma extensão de si mesma, como se fosse ela mesma. Isso é bom, mas pode criar problemas no futuro. Ela tem que compreender, gradualmente, que seu filho ou sua filha é uma pessoa distinta.

O amor paterno é um pouco diferente. O pai parece dizer: "Se você fizer assim, terá o meu amor; se não o fizer, não terá." É um tipo de acordo. Eu também tenho essa característica. Sou capaz de disciplinar meus discípulos e também tenho a capacidade de amá-los como uma mãe. Sei que não é fácil para uma mãe ser pai, mas se você tiver um bom sangha e boas relações nesse sangha, outros membros de seu sangha podem vir a ser um tio ou uma tia para o seu filho. Numa comunidade que siga a prática, pais sozinhos podem ser auto-suficientes. A pessoa é capaz de desempenhar tanto o papel de mãe como o de pai, e ainda beneficiar-se com a ajuda de outros adultos.

No Ocidente, é grande o número de pais sozinhos. Precisamos de retiros e seminários para discutir a melhor maneira de criar nossos filhos. Não aceitamos a forma antiga de criá-los. Mas, ao mesmo tempo, não desenvolvemos completamente formas modernas de criação. Precisamos nos basear na nossa própria experiência e prática e acrescentar uma nova dimensão à vida do núcleo familiar. Quando a vida do núcleo familiar se combina com a vida de uma comunidade desse tipo, um sangha pode ter muito sucesso. Você pode trazer os filhos a esse centro de prática muitas vezes, e tanto você como eles sairão beneficiados pela atmosfera lá reinante. O centro também se beneficiará com a sua presença. As crianças são jóias que podem contribuir para a realização da prática. Se estão felizes, todos os pais e não-pais apreciarão a prática.

É uma alegria encontrar-nos no seio de um sangha em que as pessoas estão, juntas, realizando bem a prática. A forma de andar, de comer e de sorrir de cada um pode se converter numa real ajuda para nós. Ela está andando por mim, eu estou sorrindo por ela, e o fazemos juntos, como um sangha. Praticando juntos, assim, podemos esperar que se realize uma verdadeira transformação dentro de nós. Não temos que praticar intensamente ou forçar a nós mesmos. Temos apenas que procurar participar de um bom sangha no qual as pessoas sejam felizes, vivendo intensamente cada momento, e a transformação advirá naturalmente, sem muito esforço.

Penso que a construção de um sangha é a arte mais importante que temos que aprender. Mesmo que sejamos ótimos em meditação e bem versados nos sutras, se não soubermos como construir um sangha, não poderemos ajudar os outros. Temos de construir um sangha que seja feliz, onde a comunicação seja franca. Temos de cuidar de cada pessoa, atento às suas dores, às suas dificuldades, às suas aspirações, aos seus temores e esperanças, para torná-las mais felizes e descontraídas. Isso requer tempo, energia e concentração.

Todos nós precisamos de um sangha. Se ainda não temos um, deveríamos despender nosso tempo e nossa energia construindo-o. Se você é psicoterapeuta, médico, assistente social ou batalhador pela paz, ou se estiver trabalhando na área ambiental, você precisa de um sangha. Sem um sangha, você não terá amparo suficiente, e em breve perderá as forças. Um psicoterapeuta pode selecionar entre os pacientes aqueles que superaram suas dificuldades, e que o reconhecem como amigo, como irmão, e organizar um grupo de pessoas para atuar como um sangha, para estar juntos, em paz e alegria dentro de uma atmosfera familiar. Você precisa de que irmãos e irmãs participem da prática para serem amparados e apoiados. Um sangha pode ajudá-lo nos momentos difíceis. Sua capacidade de ajudar as pessoas pode ser reconhecida, olhando aqueles que estão ao seu redor.

Tenho encontrado psicoterapeutas que não são felizes com suas famílias, e duvido muito que, se precisarmos deles, eles nos possam ajudar. Propus-lhes que formassem um sangha. Entre os membros desse sangha existem pessoas que tiraram muito proveito e que se recuperaram de sua doença, tornando-se amigas do terapeuta. O sangha tem por finalidade o encontro e a prática em conjunto – respirando, vivendo conscientemente, com paz, alegria, bondade e amor. Isso representaria para o terapeuta um manancial de amparo e de consolo. Não somente terapeutas e pessoas que se dedicam à meditação têm que aprender a arte de construir um sangha, mas todos nós. Não acredito que você possa ir muito longe sem um sangha. Meu sangha cuida de mim. Qualquer conquista que se testemunhe no sangha me ampara e me dá mais força.

Para construir um sangha, comece por encontrar um amigo que goste de fazer meditação com você, sentado ou andando, de recitar os preceitos, de fazer meditação durante o chá ou de conversar a respeito. Outros, provavelmente, gostarão de acompanhá-los, e seu pequeno grupo pode passar a se reunir semanalmente ou mensalmente na casa de alguém. Alguns sanghas conseguem mesmo um pedaço de terra e se mudam para o campo para fundar um centro de retiro. É claro que seu sangha inclui também árvores, pássaros, a almofada de meditação, o sino e mesmo o ar que você respira – todas as coisas que o apóiam na prática. Estar entre pessoas que praticam sinceramente juntas, constitui uma rara oportunidade. O sangha é uma verdadeira jóia.

O objetivo consiste em organizar o sangha de forma a que seja o mais agradável para todos. Você jamais encontrará um sangha perfeito. Um sangha imperfeito já basta. Em vez de se queixar demais do seu sangha, faça o melhor que puder para se transformar num bom elemento do sangha. Aceite o sangha e construa sobre ele. Quando você e sua família se dedicam a fazer as coisas conscientemente, vocês são um sangha. Se houver um parque próximo à sua casa, onde você possa levar seus filhos para caminhar meditando, o parque passa a integrar o seu sangha.

Um sangha representa também uma comunidade de resistência, resistindo à velocidade, à violência, às formas insalubres de vida que prevalecem na nossa sociedade. A conscientização tem por finalidade proteger a nós mesmos e aos outros. Um bom sangha pode conduzir-nos à harmonia e à conscientização.

A substância da prática é o mais importante. As formas podem ser adaptadas. Durante um retiro em Plum Village, um padre católico me perguntou: "Thây, compreendo o valor da prática consciente. Experimentei a alegria, a paz e a felicidade que ela oferece. Gosto dos sinos, das meditações durante o chá, do silêncio às refeições e das caminhadas. Minha dúvida é como continuarei a praticar depois que voltar à minha igreja?"

Perguntei-lhe: "Existe um sino na sua igreja?"

"Sim", ele me respondeu.

"Você toca esse sino?"

"Toco."

"Então, por favor, toque o sino da mesma forma que o tocamos aqui. Na sua igreja, vocês comem juntos? Tomam chá com biscoito?"

"Tomamos."

"Por favor, faça-o como o fazemos aqui, conscientemente. Não existe nenhum problema."

Quando vocês voltam às suas tradições, quando voltam ao seu sangha, ou instituem um novo sangha, podem apreciar fazer tudo o que fazem, em plena consciência. Não é necessário apartar-se da sua tradição ou da sua família. Mantenham todas as coisas tais quais são e introduzam a consciência, a paz e a alegria no seu contexto. Seus amigos, através de vocês, reconhecerão o valor da prática – não através das palavras, mas através do exemplo de vocês.

CAPÍTULO 10

Em contato com a realidade suprema

Abraçamos a prática da meditação em busca de alívio para nossos sofrimentos, e a meditação pode nos ensinar a transformar esse sofrimento e conseguir um alívio fundamental. Mas a mais profunda forma de alívio é a compreensão do *nirvana*. Existem duas dimensões para a vida, e deveríamos ser capazes de estar em contato com ambas. Uma é como a onda, e a chamamos de dimensão histórica. A outra é como a água, e a chamamos de dimensão suprema, ou nirvana. Nós, comumente, só tocamos a onda, mas quando descobrimos como tocar a água, somos agraciados com o mais excelso fruto que a meditação pode oferecer.

Na dimensão histórica, temos certidão de nascimento e de morte. No dia em que sua mãe se vai, você sofre. Se alguém se senta ao seu lado e demonstra compreensão, você sente algum alívio. Você conta com a amizade, com o apoio e com o calor da mão dessa pessoa segurando a sua. Esse é o mundo das ondas. Caracteriza-se pelo nascimento e pela morte, pelos altos e baixos, pelo ser e não-ser. Uma onda tem um começo e um fim, mas não podemos atribuir essas características à água. No mundo da água, não existe nascimento ou morte, ser ou não-ser, começo ou fim. Quando tocamos a água, tocamos a realidade em sua suprema dimensão e nos libertamos de todos esses conceitos.

Nagarjuna, um filósofo do século II, indagou: "Antes de nascerem, as coisas existiam ou não?" Antes de a galinha botar o ovo, ele existia ou não? Se ele já existia, como poderia ter nascido? Se um bebê também já está presente no útero de sua mãe, como podemos dizer que ele ainda não nasceu? Nagarjuna diz que algo que já está presente não pode vir a nascer. Nascer significa que, do nada, você se torna alguma coisa; de ninguém, você se transforma em alguém. Mas nada pode nascer do nada. Uma flor nasce a partir do solo, dos minerais, das sementes, da luz do sol, da chuva e de muitas outras coisas. A meditação nos revela o não-nascimento de todas as coisas. A vida é uma continuação. Em vez de cantar "Feliz Aniversário", podemos cantar "Feliz Continuação". Mesmo o dia da morte da nossa mãe é um dia de continuação; ela continua a viver sob muitas outras formas.

Uma amiga minha cuida da mãe que tem noventa e três anos de idade. Os médicos dizem que ela pode morrer a qualquer momento. Há mais de um ano, minha amiga vem ensinando exercícios de meditação à sua mãe, o que tem sido muito útil. Ela começou por regar as sementes de felicidade em sua mãe, que agora fica toda alegre cada vez que minha amiga está por perto. Recentemente, ela disse à mãe: "Esse corpo não é exatamente o seu. O seu corpo é muito maior. Você tem nove filhos, dezenas de netos e também bisnetos. Nós todos somos uma continuação de você, e somos muito felizes e saudáveis. Você está muito viva em nós."

A mãe pôde entender o que ela queria dizer, e sorriu. Minha amiga prosseguiu: "Quando você era moça, você ensinou muita gente a cozinhar e a fazer muitas outras coisas. Você fez as pessoas felizes. Nós, agora, estamos fazendo o mesmo; estamos dando continuidade à obra que você começou. Quando você era moça, escrevia poesias e cantava, e agora muitos de nós escrevemos poesias e cantamos maravilhosamente. Você está continuando em nós. Você é, ao mesmo tempo, muitas pessoas." Esta é uma meditação sobre o não-ser. Isso ajuda a sua mãe a compreender que seu corpo constitui apenas uma pequena parte do seu verdadeiro eu. Ela passa a entender que, quando seu corpo se for, ela continuará a viver sob muitas outras formas.

Quem pode dizer que sua mãe faleceu? Você não pode descrevê-la como sendo ou não-sendo, como viva ou morta, porque essas noções pertencem à dimensão histórica. Quando você entra em contato com sua mãe na suprema dimensão, você vê que ela ainda está com você. O mesmo acontece com a flor. Uma flor pode parecer ter nascido, mas existiu sempre sob outras formas. Mais tarde, pode simular ter morrido, mas não devemos nos deixar enganar. Ela está apenas brincando de esconde-esconde. Ela se mostra a nós e depois torna a se esconder. Se prestarmos atenção, podemos tocá-la sempre que quisermos. Sua mãe também está brincando. Ela simulou ter nascido como sua mãe, desempenhou muitíssimo bem o papel de mãe, e depois simulou que não está presente, para ajudá-lo a crescer.

Certo dia, quando eu estava prestes a pisar numa folha seca, vi essa folha na sua suprema dimensão. Vi que não estava realmente morta, mas sim fundindo-se com a umidade do solo e preparando-se para ressurgir sobre a árvore, na próxima primavera, sob outra forma. Sorri à folha e disse: "Você está fingindo."

No *Sutra do Lótus*, o Buda nos fala de um médico que tinha muitos filhos. Um dia, quando o médico estava ausente, as crianças comeram algo tóxico e ficaram envenenadas. Quando voltou ao lar e as viu doentes, imediatamente ministrou-lhes o remédio correto. Algumas das crianças tomaram o remédio e ficaram boas; outras não o tomaram, porque confiavam unicamente na presença do pai lhes dar o remédio. O médico, afinal, teve que se esconder e fazer de conta que tinha morrido para conseguir que os filhos tomassem o remédio. Talvez sua mãe esteja fazendo esse tipo de jogo com você, a fim de encorajá-lo a praticar a paz e a felicidade.

Tudo está simulando nascer e simulando morrer, incluindo a folha em que quase pisei. O Buda disse: "Quando as condições são suficientes, o corpo se revela, e dizemos que o corpo *existe.* Quando as condições não são suficientes, o corpo não pode ser percebido por nós, e dizemos que o corpo *não existe.*" O dia da nossa assim chamada morte é o dia da nossa continuação sob muitas outras formas. Se você souber como entrar em contato com sua mãe na suprema dimensão, ela estará sempre com você. Se você tocar-lhe a mão, o rosto ou o cabelo, e olhar bem profundamente, poderá ver que ela está em você, sorrindo. Esta é uma prática profunda, e também a mais profunda forma de consolo.

Nirvana é sinônimo de extinção, de extinção de todas as noções e conceitos, incluindo os conceitos de nascimento e de morte, de ser e não-ser, de ir e vir. O Nirvana é a suprema dimensão da vida, um estado de calma, de paz e de alegria. Não é um estado a ser atingido depois da morte. Você pode entrar em contato com o nirvana desde já, respirando, caminhando e tomando o seu chá com plena consciência. Você está "nirvanizado" desde o não-nascimento. Tudo e todos habitam o nirvana.

Nikos Kazantzakis conta a história de São Francisco de Assis parado diante de uma amendoeira em pleno inverno. São Francisco pediu à árvore que lhe falasse de Deus e, subitamente, a árvore começou a florir. Em questão de segundos, estava coberta de lindas flores. Quando li essa passagem fiquei muito impressionado. Vi que São Francisco vivia integrado na suprema dimensão. Era inverno; não havia folhas, flores ou frutos, mas ele viu as flores.

Podemos pensar que somos incapazes de entrar em contato com a suprema dimensão, mas isso não é verdade. Já o fizemos. O problema está em como fazê-lo mais profundamente e mais freqüentemente. A expressão "pensar globalmente", por exemplo, diz respeito a entrar em contato com a suprema dimensão. Quando vemos as coisas de uma maneira global, adquirimos mais sabedoria e nos sentimos muito melhor. Não somos surpreendidos por situações de pouca importância. Quando vemos globalmente, evitamos muitos erros, e temos uma perspectiva mais profunda da felicidade e da vida.

Às vezes, nos zangamos com alguém e pensamos que, se não o enfrentarmos, nossa dignidade estará perdida. Talvez essa pessoa tenha desafiado a nossa autoridade, e nos sentimos frustrados se não reagimos imediatamente. Podemos ir para a cama infelizes e mal conseguir dormir à noite; no dia seguinte, porém, sentimo-nos completamente diferentes. Rimos e sorrimos, e vemos a situação sob um prisma inteiramente diverso. De repente, o que aconteceu no dia anterior deixou de ser importante. Só uma noite nos separa do sucedido, e as coisas já estão bem diferentes. Isso é pensar globalmente, em termos de tempo.

Quando vivemos na dimensão histórica, somos jogados de um lado para o outro por muitas ondas. Talvez estejamos atravessando uma má fase no trabalho. Ou temos que esperar muito tempo na fila do supermercado. Ou não conseguimos uma boa ligação telefônica para falar com um amigo. Sentimo-nos cansados, um pouco deprimidos ou zangados. Isso, porque fomos apanhados pela situação presente. Mas, se fecharmos os olhos e visualizarmos o mundo daqui a cem anos, veremos que esses problemas não são importantes. Abarcando apenas cem anos, vemos as coisas de um modo muito diferente. Imagine a mudança drástica que ocorre quando entramos em contato com a suprema dimensão!

Somos absolutamente capazes de entrar em contato com a suprema dimensão. Ao escrever esta página, estou ciente de que meus pés estão tocando o chão, em Plum Village, sobre solo francês. Estou também ciente de que a França está ligada à Alemanha, à Espanha, à Tchecoslováquia e à Rússia, e até à Índia, à China e ao Vietnã. Ao pensar globalmente, vejo que estou pisando sobre mais de um ponto, porque quando toco Plum Village, toco toda a Europa e toda a Ásia. A China é apenas uma extensão do pequeno trecho de terra sob meus pés. Estando sobre uma parte do continente eurasiano, estou sobre todo o continente.

Esse tipo de percepção transforma o lugar em que você pisa de forma a incluir toda a Terra. Quando você caminha meditando e se dá conta de que está andando sobre o belo planeta Terra, verá a si próprio e à sua caminhada de modo muito diferente, libertando-se de visões estreitas ou de fronteiras. A cada passo que der, verá que você está tocando a Terra inteira. Quando você o faz com essa percepção, liberta-se de muitas aflições e pontos de vista equivocados.

Quando você toca uma coisa com profunda percepção, você toca tudo. O mesmo é válido para o tempo. Quando você toca um momento com profunda percepção, toca todos os momentos. Segundo o *Sutra Avatamsaka*, se você vive intensamente um momento, esse momento contém em si todo o passado e todo o futuro. "A unidade incorpora o todo." Tocar o momento presente não equivale a se livrar do passado ou do futuro. Você, ao tocar o momento presente, constata que o presente é feito do passado e está criando o futuro. Tocando o presente, você entra em contato com o passado e o futuro ao mesmo tempo. Você toca globalmente a eternidade do tempo, a suprema dimensão da realidade. Quando você toma uma xícara de chá intensamente, você toca o momento presente e o tempo na sua integridade. Foi o que fez São Francisco, ao tocar a amendoeira com tamanha profundidade que ele a pôde ver florindo, mesmo em pleno inverno. Ele transcendeu o tempo.

Meditar é viver profundamente cada momento da vida. Através da meditação, constatamos que as ondas são feitas só de água, que a dimensão histórica e a suprema dimensão são uma só. Mesmo quando vivemos no mundo das ondas, tocamos a água, cientes de que uma onda nada mais é senão água. Sofremos se tocamos apenas as ondas. Mas se aprendermos a estar em contato com a água, sentimos um grande alívio. Tocar o nirvana livra-o de muitas preocupações. As coisas que nos aborreceram no passado não são assim tão importantes, mesmo que seja um dia depois – imagine então quando estivermos aptos a tocar o tempo e o espaço infinitos.

Procuramos a prática em busca de alívio na dimensão histórica. Tranqüilizamos o corpo e a mente, e firmamos a nossa quietude, o nosso viço e a nossa solidez. Praticamos a bondade amorosa, a concentração e, transformando nossa raiva, sentimos algum alívio. Mas, quando entramos em contato com a suprema dimensão da realidade, conseguimos o mais profundo tipo de alívio. Todos nós temos capacidade para chegar ao nirvana e nos libertarmos do nascimento e da morte, de um e de muitos, de ir e vir.

No último outono, eu estava na Inglaterra e tive um sonho que me pareceu de natureza épica. Meu irmão, An, e eu estávamos num mercado ao ar livre, quando um homem nos convidou a visitar uma tenda situada no canto do mercado. Quando lá chegamos, reconheci, imediatamente, que cada item exposto representava um acontecimento que eu vivera diretamente e pelo qual passara com meu irmão e com as pessoas próximas a mim. Quase todos os itens, as experiências, eram de sofrimento – pobreza, incêndio, inundações, tempestades, fome, discriminação racial, ignorância, medo, ódio, desespero, opressão política, injustiça, guerra, morte e miséria. À medida que eu tocava cada item, era tomado por um sentimento de tristeza e também por um sentimento de compaixão.

Em seguida, nos encaminhamos para o centro da tenda e nos colocamos ao lado de uma grande mesa, onde estavam expostos muitos cadernos de escola. À esquerda da mesa, reconheci um caderno que era meu e outro de meu irmão. Cheguei perto do meu caderno e folheei suas páginas, recordando nelas muitas experiências felizes e significativas que eu tivera durante a minha infância, assim como muitas experiências dolorosas. Olhei depois para o caderno de meu irmão e relembrei as experiências pelas quais passamos juntos, quando crianças. Eu estava escrevendo as memórias da minha infância, mas não havia incluído nenhum dos tópicos contidos naqueles cadernos. Talvez fossem experiências que eu vivera somente em sonhos e que havia esquecido ao acordar. Talvez fossem experiências de vidas passadas. Eu não tinha certeza do que eram, mas estava certo de que essas experiências eram autenticamente minhas, e tive a idéia de levar esse material para casa, de forma a poder incluí-lo nas minhas memórias. Essa idéia me deixou muito satisfeito, pois eu não queria esquecer novamente o que se passara.

No mesmo instante em que esse pensamento me veio à mente, ouvi o homem que nos havia convidado a visitar a tenda pronunciar uma terrível sentença. Em pé, à minha direita, ele disse: "Você vai ter que passar por tudo isso novamente!" O modo como falou soou como um veredicto ou uma condenação, e sua voz indicava que ele tinha autoridade para decidir algo assim. Parecia Deus, ou o Destino. Fiquei chocado! Então eu realmente teria que passar de novo por todo aquele sofrimento, por todos aqueles incêndios, inundações, tempestades, fome, discriminação racial, ignorância, ódio, desespero, medo, tristeza, opressão política, miséria, guerra e morte? Eu tinha a impressão de ter passado por isso em incontáveis existências, junto com meu irmão e com todos os meus companheiros do passado. Nós havíamos atravessado tantos túneis escuros, e agora estávamos finalmente num local onde havia espaço e liberdade. Teríamos realmente que passar por aquelas experiências de novo?

Senti uma espécie de revolta, e disse a mim mesmo: "Ah, não!" Mas em menos de um segundo, minha reação mudou. Apontei para o rosto do homem com dois dedos da minha mão direita e lhe disse com toda a minha determinação e força: "O senhor não me assusta. Mesmo que eu tenha que passar por tudo isso de novo, eu o farei. Não apenas uma vez, mas milhares de vezes se necessário. E todos nós o faremos, juntos!"

Nesse momento acordei e não pude lembrar-me do conteúdo de meu sonho. Eu só sabia que tivera um sonho importante. De forma que fiquei na cama e fiz a respiração consciente, e pouco a pouco os detalhes foram emergindo. Entendi que o homem representava algo que eu tinha que descobrir, e meu primeiro pensamento foi o de que eu ia morrer muito em breve, para recomeçar a jornada que me havia sido determinada. Senti-me calmo. Morrer não era problema para mim naquele momento. Eu não tinha medo. Disse a mim mesmo que a única coisa a fazer era contar o fato à Irmã Vazio Verdadeiro, uma de minhas mais íntimas companheiras nestes últimos trinta anos, a fim de que ela e outros estivessem preparados. Mas logo vi que não era verdade que eu tinha que morrer em breve. O sonho tinha que conter um significado mais profundo.

Analisando mais atentamente, descobri que o homem representava a semente do medo ou da preguiça em mim, o equivalente ao Mara de Buda, que havia brotado do fundo de minha alma, da minha consciência armazenadora. Na minha primeira reação a ele, eu estava na dimensão histórica, a dimensão das ondas. Mas, na minha segunda reação, eu estava agindo a partir da suprema dimensão, a dimensão da água. Quando entrei em contato com o mundo em que não havia nascimento nem morte, não tive mais medo e demonstrei isso apontando meus dois dedos para o seu rosto. Vi que a força que me ajudou a desafiar o homem era a energia da fé, nascida da compreensão e da liberdade. Eu lhe havia dito de forma clara que, desde que a compreensão e a liberdade estivessem presentes, eu teria força e coragem para enfrentar qualquer tipo de provação, inúmeras vezes.

Olhei para o relógio. Eram 3:30 da madrugada. Pensei nas crianças do Vietnã, do Cambodja, da Somália, da Iugoslávia e da América do Sul, e me senti fortemente solidário com todas elas. Senti-me pronto para passar por todos esses sofrimentos de novo, de novo e de novo, com elas. E então vi vocês, meus queridos amigos, que têm seguido a prática do Caminho da Emancipação. E vi que já estão prontos para se reunir a nós, a fim de que, juntos, possamos oferecer a nossa liberdade e a nossa sabedoria coletiva às crianças do mundo, ajudando-as a suportar suas provações.

Quando estudamos o *Sutra do Lótus* no ano passado, em Plum Village, falamos a respeito da suprema dimensão e da dimensão histórica; e então acrescentamos a dimensão da ação, representada pelos bodhisattvas, cuja prática está engajada no budismo. Depois de ter entrado em contato com a suprema dimensão, esses bodhisattvas retornam à dimensão histórica, a fim de ajudar, da forma que puderem, a transformar o sofrimento e a proporcionar alívio. Eles vivem a vida da onda, mas também vivem a vida da água e, assim fazendo, eles nos ensinam a não ter medo.

Vocês, meus irmãos e irmãs, meus companheiros no Caminho, são esses bodhisattvas, cavalgando nas ondas do nascimento e da morte, sem serem tragados pelo nascimento e pela morte. Já passamos por sofrimentos intermináveis, por um túnel sem fim de tristezas e de trevas. Mas seguimos a nossa prática e, através dela, adquirimos alguma compreensão e alguma liberdade. Chegou agora o momento de nos unirmos às crianças – às crianças de todas as cores – de empregar nossa força para suportar os desafios que estão diante de nós. Tenho a certeza que, desta vez, faremos melhor.

Subsídios para a Prática

Plum Village é uma comunidade dedicada à prática, localizada no sudoeste da França. A melhor época para visitá-la é durante o verão, de 15 de julho a 15 de agosto, podendo, porém, ser visitada em qualquer época do ano. Para maiores informações, escreva para:

Plum Village
Meyrac
47120 Loubès-Bernac, França

A Comunidade para uma Vida Consciente organiza retiros; levanta fundos para ajudar os necessitados, especialmente do Vietnã; e publica um boletim denominado *O Sino da Consciência* (*The Mindfulness Bell*). Cada edição desse boletim inclui uma palestra sobre dharma por Thich Nhat Hanh, outros ensaios sobre a prática, uma lista de endereços de sanghas ao redor do mundo, relatos a respeito de experiências diárias com a prática, e um programa atualizado dos retiros e dos dias de conscientização. Para maiores informações ou para assinar *O Sino da Consciência,* escreva para:

Community of Mindful Living
P.O. Box 7355
Berkeley, California 94707

A Parallax Press publica livros e fitas a respeito do Budismo socialmente engajado, incluindo todos os trabalhos em inglês, da autoria de Thich Nhat Hanh. Para receber nosso catálogo, inteiramente grátis, escreva para:

Parallax Press
P.O. Box 7355
Berkeley, California 94707

Leia também:

HEI DE VENCER
ARTHUR RIEDEL

Neste livro, ARTHUR RIEDEL, verdadeiro professor de otimismo, expõe, em linguagem clara e atraente, uma filosofia prática de vida baseada na auto--sugestão mental e no desenvolvimento da vontade. Trata-se de livro que se dirige particularmente a todos quantos ainda não se encontraram ou não acharam à paz interior necessária a uma existência calma e venturosa. HEI DE VENCER ensina seus leitores a cultivarem uma imaginação positiva, que os capacite a obter na vida aqueles triunfos de ordem espiritual e material que antes lhes pareciam impossíveis de alcançar.

EDITORA PENSAMENTO

ALEGRIA E TRIUNFO

Eis um livro que apresenta verdadeiras receitas contra a angústia, o medo, a incerteza, a falta de confiança própria e outros obstáculos que, somados, resultam no "atraso de vida".

Nele não encontrará o leitor nenhum ritual cabalístico ou fórmula misteriosa, de difícil enunciação, mas simplesmente os meios de despertar em seu íntimo as poderosas forças do Eu Superior ou seu Cristo Interno.

Com efeito, desde a leitura de suas primeiras páginas, sentimo-nos animados daquela *fé dinâmica*, que tantos prodígios tem realizado no mundo.

Fugindo ao processo adotado pela maioria dos tratadistas da matéria em questão, o autor procurou demonstrar como devemos aplicar a Fé em nossa vida prática, citando centenas de animadores exemplos, em que a alegria e o triunfo voltaram a brilhar na vida dos desesperados e necessitados.

"O vosso Eu Sou, ou Cristo Interno, é o vosso deus pessoal ou a partícula divina em vós, *a qual tem todas as qualidades de Deus e todos os poderes para realizar as vossas aspirações*, desde que não sejam prejudiciais às dos outros."

Baseados neste princípio citado pelo autor, repetindo as *afirmações especiais* oferecidas para casos de urgência, sentimos tamanha convicção da existência do *poder interno* que possuímos, que dificilmente voltaremos a ser dominados pelos nossos piores inimigos: a angústia, o ódio, o ressentimento, o temor das dívidas e outras torturas que, em geral, acabrunham a maior parte da Humanidade.

Como os pensamentos negativos abatem o nosso sistema nervoso, prejudicando a nossa saúde física e moral, notarão os que seguirem os conselhos e os contagiantes exemplos apontados no livro que, ao cabo de pouco tempo, estarão com boa disposição mental e saúde normal.

"*É vontade de Deus que prospereis e vivais na abundância de tudo o que é bom e desejável.*"

Ora, mantendo viva essa afirmação em nosso espírito, fortalecemos o nosso subconsciente e passamos a repelir a idéia de que viemos a este mundo para cumprirmos uma "provação" de miséria, fome, pobreza...

Deus nos vê como seres perfeitos, *criados à sua imagem e semelhança*, possuindo poder e domínio.

Essa é a perfeita idéia de nossa entidade, registrada na Mente Divina, à espera do nosso reconhecimento, pois só poderemos manifestar o que a nossa mente puder ver que somos e alcançarmos *aquilo que ela nos vê alcançando*.

Portanto, mediante a disciplina da imaginação e os esplendores da Fé Dinâmica, tão bem apresentada neste livro, terá o leitor a chave da sua alegria e seu triunfo!

Ilustrado com inúmeros exemplos de difíceis problemas, que encontraram rápida solução *através da força interna que possuímos*, o livro apresenta ao leitor muitos casos que lhe dizem respeito, como também aos seus familiares e amigos, apontando-lhes uma saída salvadora.

É o que a todos desejamos, para que doravante possam viver com alegria e triunfo!

EDITORA PENSAMENTO

SHODOKA – O Canto do Satori Imediato

Yoka Daïshi
Tradução de Taïsen Deshimaru

Shodoka é considerado um dos textos essenciais do Zen. Composto de 78 poemas, foi escrito no século VIII da nossa era pelo Mestre Yoka Daïshi, nascido na China no ano de 665. Monte aos vinte anos, ele se consagrou ao estudo das diferentes formas do budismo e do pensamento taoista e confuciano. Mas permanecia nele a dúvida, até seu encontro com Houei Neng (*Eno*, em japonês), o sexto patriarca, que lhe transmitiu numa noite a essência do Ch'an, o verdadeiro espírito do Zen. Posteriormente, teve muitos discípulos mas não fundou nenhuma seita e continuou na pura liberdade original. Quando morreu, em outubro de 713, o imperador deu-lhe o nome de *Muso*, "o incomparável", *Daïshi*, "grande mestre". Seu único legado à humanidade será o *Shodoka*, esse canto que, despertando o homem para uma vida autêntica, continua mais atual que a maioria dos textos budistas tradicionais.

O Canto do Satori Imediato é uma jóia poética e espiritual que contém em si uma sabedoria universal. O Mestre zen Taïsen Deshimaru traduziu-o e comentou-o para guiar as pessoas na senda do despertar.

EDITORA PENSAMENTO

O PODER DO PENSAMENTO POSITIVO

NORMAN VINCENT PEALE

Eis alguns capítulos deste livro: *Tenha Confiança em Si Mesmo — O Espírito Tranqüilo Gera Energias — Como ter Constante Energia — Recorra ao Poder da Oração — Como Criar a Sua Própria Felicidade — Acabe com a Exaltação e Agitação — Espere Sempre o Melhor e Consiga-o — Não Acredito em Fracassos — Como acabar com as Preocupações — Como Solver os Problemas Pessoais — Como Empregar a Fé na Cura — Quando a Vitalidade Estiver em Declínio, Experimente esta Fórmula de Saúde — O Influxo de Novos Pensamentos Poderá Fazer de Você um Novo Homem — Acalme-se para que Possa Adquirir Facilmente Novas Forças — Como Fazer as Pessoas Gostarem de Você — Receita para a Amargura — Como Recorrer ao Poder Supremo — Epílogo.*

Norman Vincent Peale é professor do "New York's Marble Collegiate Church", de Nova Iorque. Considerado na América do Norte como o ministro dos "milhões de ouvintes" e como doutor em "terapêutica espiritual", tornou-se popular através de sua colaboração na imprensa, rádio e televisão e pelos admiráveis volumes em que vem reunindo o melhor de sua constante pregação, particularmente aquela que desde 1937 mantém num dos mais ouvidos programas radiofônicos dos Estados Unidos. Milhares de consultas chegam-lhe diariamente de todos os recantos do mundo. E milhões de pessoas já lhe agradeceram os conselhos e sugestões que as levaram a reencontrar a felicidade perdida.

★

EDITORA CULTRIX

O Caminho do Guerreiro Pacífico
Um Livro que Modifica Vidas

Dan Millman

EDIÇÃO DE ANIVERSÁRIO
COM UM NOVO PREFÁCIO E REVISÕES DO AUTOR

O CAMINHO DO GUERREIRO PACÍFICO tornou-se uma das mais queridas sagas espirituais da nossa época. Compartilhado entre amigos e famílias, este *best-seller* com milhões de exemplares vendidos apenas com propaganda boca-a-boca, inspirou homens e mulheres de todas as idades em vinte idiomas por todo o mundo.

Apesar do sucesso de sua carreira, o universitário e atleta campeão do mundo Dan Millman é perseguido por um sentimento de que algo está faltando na sua vida. Despertado certa madrugada por um pesadelo sombrio, ele vai até um posto de gasolina, encontra um velho chamado Sócrates, e seu mundo se modifica para sempre. Guiado por esse excêntrico velho guerreiro, atraído para uma jovem mulher ardilosa chamada Joy, Dan inicia uma odisséia espiritual nos reinos da luz e da sombra, do romance e do mistério, rumo a um confronto final que o libertará ou destruirá.

Este conto clássico, narrado com coração e humor, fala ao guerreiro pacífico que existe em cada um de nós. Inúmeros leitores têm ficado comovidos, levados ao riso e às lágrimas, até mesmo a momentos de iluminação, à medida que descobrem, com sua leitura, o significado e o propósito mais amplos da vida.

Viaje com Dan pelo caminho do guerreiro pacífico até a tão sonhada felicidade. Descubra por si mesmo por que este livro mudou tantas vidas.

EDITORA PENSAMENTO

 Este livro foi impresso na
Gráfica e Editora Del Rey
Indústria e Comércio Ltda.
Rua Geraldo Antônio de Oliveira, 88
Inconfidentes - Contagem - MG
CEP. 32260-200 -Fone: **(31) 3369-9400**